Streifzüge durchs östliche Belgien

Hinweis

Alle in diesem Buch enthaltenen Angaben wurden vom Autor nach bestem Wissen erstellt und von ihm und dem Verlag mit größtmöglicher Sorgfalt überprüft. Gleichwohl sind – wie wir im Sinne des Produkthaftungsrechts betonen müssen – inhaltliche Fehler nicht vollständig auszuschließen. Daher erfolgen die Angaben ohne jegliche Verpflichtung oder Garantie des Verlages oder des Autors. Beide übernehmen keinerlei Verantwortung und Haftung für etwaige inhaltliche Unstimmigkeiten. Wir bitten dafür um Verständnis und werden Korrekturhinweise gerne aufgreifen.

Archi W. Bechlenberg

STREIFZÜGE DURCHS ÖSTLICHE BELGIEN

Vom Herver Land bis in die Eifel

2. aktualisierte und erweiterte Neuauflage

Meyer & Meyer Verlag

Streifzüge durchs östliche Belgien

Bibliografische Information der Deutschen Bibliothek
Die Deutsche Bibliothek verzeichnet diese Publikation in der Deutschen Nationalbibliografie; detaillierte bibliografische Details sind im Internet über <http://dnb.ddb.de> abrufbar.

2. aktualisierte und erweiterte Auflage 2020
Auckland, Beirut, Dubai, Hägendorf, Hongkong, Indianapolis, Kairo, Kapstadt, Manila, Maidenhead, Neu-Delhi, Singapur, Sydney, Teheran, Wien
Member of the World Sport Publishers' Association (WSPA)
Gesamtherstellung: Print Consult GmbH, München

FSC www.fsc.org MIX Paper from responsible sources FSC® C084279

ISBN 978-3-8403-7687-0
E-Mail: verlag@m-m-sports.com
www.aachen-buecher.de

INHALT

VORWORT ZUR 2. AUFLAGE

Guten Tag, liebe Leserin, lieber Leser,

Seit nunmehr 40 Jahren lebe ich in Ostbelgien, also in der Region, in die Sie mein Buch locken möchte. **Streifzüge durchs östliche Belgien** ist kein klassischer Reiseführer, sondern mehr ein Lesebuch und unterhaltsamer Begleiter. Natürlich – die Streifzüge geben Ihnen, wie es sich gehört, eine Vielzahl an praktischen Ausflugs- und Reisetipps. Doch das Buch enthält darüber hinaus Geschichten, Betrachtungen, Begegnungen, Nachdenkliches und Unterhaltsames, überwiegend basierend auf meinen eigenen Streifzügen durch die Region seit vielen Jahren. Die reichen weit ins vorige Jahrtausend zurück, denn als gebürtiger Aachener ist man von klein auf mit den benachbarten Ländern vertraut.

Im Venn sonntags spazieren zu gehen, ohne dabei die feinen Klamotten zu verschmutzen, das war eine der großen Herausforderungen meiner Kindheit, an der ich fast immer scheiterte. Dafür konnte ich ganz still und unschuldig blickend im Auto sitzen, in den Taschen ein paar Päckchen Zigaretten, die mein Vater als Schmuggelgut bei mir verstaut hatte. Ich hoffe, das ist nach mehr als 50 Jahren verjährt.

Ich liebe diese Region zwischen Gemmenich und der Voerregion im Norden und St. Vith und dem Ourtal im Süden mit ihrer Vielfalt an landschaftlichen Schönheiten, ihren oft pittoresken Dörfern aus Bruchsteinhäusern, den zahlreichen, zu entdeckenden, prächtigen Landgütern und Châteaux, mit ihren Gasthäusern und Brauereien und all den leckeren Spezialitäten für Magen und Gaumen und mit den herzlichen Menschen, die noch vieles von dem in sich erhalten haben, was früher im Umgang miteinander ganz selbstverständlich war. **Streifzüge durchs östliche Belgien** soll Ihnen die

Straßenschilder bei Aubel

sen Landstrich näherbringen; es soll Sie durch die Region begleiten, nicht wie ein Reiseführer, sondern ein Reiseverführer. Sei es für einen Tag, ein Wochenende oder auch einen längeren Aufenthalt. Ostbelgien ist für alle, die es unter dem Stichwort „Urlaub" nicht in die Ferne, zum Strand und in den Trubel zieht, das ideale Gebiet, um sich durch und durch zu erholen. Die Gemeinden der Region haben sich gerade in den vergangenen Jahren vorbildlich auf die Bedürfnisse von Besuchern eingestellt, die einen Slow-Urlaub verbringen wollen, und ich beobachte, wie sich die Zahl der Besucher rund ums Jahr deutlich erhöht. Insbesondere Wanderer und Radwanderer finden hier alles, was einen Urlaub nach ihrer Fasson ausmacht.

Fünf Jahre sind seit dem Erscheinen der ersten Ausgabe von **Streifzüge durchs östliche Belgien** vergangen, und vieles hat sich seither verändert, ist verschwunden oder neu entstanden. Ich lernte neue Orte und Sehenswürdigkeiten kennen; zu entdecken gibt es selbst für Einheimische immer wieder etwas. Und das musste natürlich aufgeschrieben werden. Gründe genug für eine neue Auflage, die nicht einen einfachen Nachdruck darstellt, sondern an vielen Ecken und Enden in Text und Bild auf den Stand von

2020 gebracht wurde. Das Ergebnis halten Sie in den Händen. Daran zu arbeiten hat mir wieder viel Freude gemacht.

A. W. Bechlenberg, Januar 2020

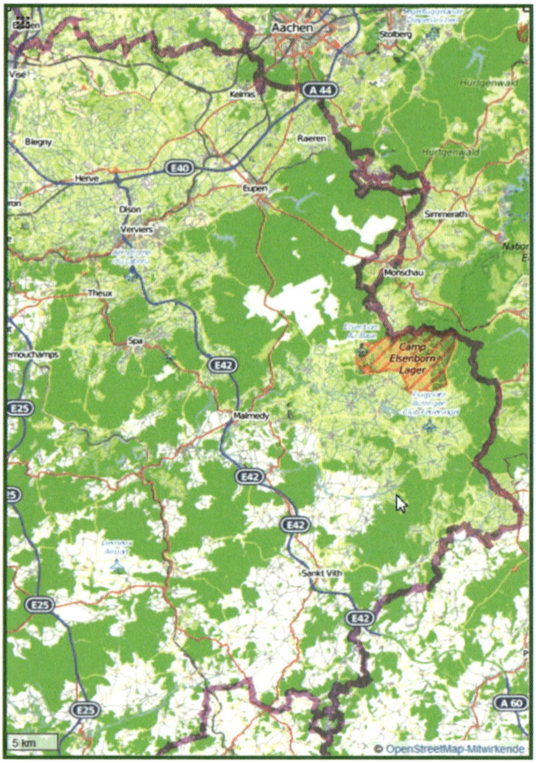

Diese Karte gibt Ihnen eine kleine Übersicht zu der behandelten Region zwischen Aachen im Norden und Luxemburg im Süden Ostbelgiens. Eine größere Karte samt Orientierungspunkten finden Sie auf den Umschlaginnenseiten.

EIN PAAR WORTE ÜBER BELGIEN

Der steinerne Löwe an der Gileppe-Talsperre

Ja, diese Belgier. Sie mögen sich nicht besonders, Flamen und Wallonen. Die Angehörigen der deutschsprachigen Gemeinschaft entlang der Grenze zur deutschen Eifel halten sich weitgehend raus aus dem Streit. Dies ist kein simpler Sprachenstreit, auch nicht in der Region Fourons/Voeren, die ebenfalls zu unseren Zielen gehört. Noch vor einigen Jahren ging es dort hoch her, wenn die Frankofonen auf die flämisch Sprechenden – im wörtlichen Sinne – stießen. Diese Begegnungen geschahen natürlich nicht zufällig, sondern folgten ausgeklügelten Plänen und Choreografien, deren Resultat meist tüchtige Kloppereien waren. Voeren, da lag der Hund begraben, ist eine politische Exklave, die 1963 der flämischen Region zugeschlagen worden war, jedoch vom wallonischen Gebiet umgeben ist. Das gab böses Blut, die Wallonen sahen Voeren als ihren Bereich an, die Flamen hatten jedoch das Recht auf ihrer Seite. Als dann 1982 der französisch sprechende Bauer José Happart zum Bürgermeister der flämisch sprechenden Gemeinde Voeren gewählt wurde, lief das Fass über. Denn als Amtsträger in einer flämischen Gemeinde war er verpflichtet, niederländisch zu sprechen. Was er natürlich nicht tun wollte. Und so nahmen die unschönen Dinge ihren Lauf.

Inzwischen ist in Voeren vieles ruhiger geworden. Hardliner Happart wurde später Minister im wallonischen Parlament sowie dessen Präsident und konnte fortan französisch sprechen, so viel er zu sagen hatte. Es gibt keine groß angelegten Scharmützel mehr. Vereinzelt sieht man noch alte Wandparolen, auch Ortsschilder mit durchgestrichenen Namen haben sich an einigen Straßen erhalten. Oder werden sie weiterhin „gepflegt"? Bei einem Gespräch mit einem ortsansässigen Informanten konnte ich erfahren, dass es durchaus nicht so entspannt ist, wie man als Auswärtiger meinen könnte. Und dabei ist Voeren doch so eine idyllische Landschaft. Achten Sie mal auf die Polizeistation in Sint-Martens Voeren, sie liegt an der Hauptstraße und ist nicht zu übersehen. Wenn wir nach Voeren reisen, werden Sie daran vorbeikommen. Sie wirkt recht überdimensioniert für den kleinen Ort, oder? Das war einst noch eine Stufe verschärfter. Da, wo heute eine freundliche, halbhohe Umzäunung das Areal gegen außen abgrenzt, war früher einmal eine Armierung, wie man sie von Grenzen zu zwielichtigen Nachbarstaaten her kennt. Oder von Atomkraftwerken.

Apropos AKW: Davon steht eines in ziemlicher Nähe zu Deutschland. Tihange an der Maas sollte spätestens 2015 eingemottet werden. Doch dann wurde die Genehmigung zum Betrieb noch einmal um 10 Jahre verlängert. Keine schönen Aussichten bei diesem maroden Bau. Trotz Verlängerung der Betriebserlaubnis ließen sich anschließend Tausende von Rissen in den Reaktordruckbehältern nicht auf Dauer verschweigen. *Risse, Druck* – zwei Faktoren, die sich selbst in Belgien nur schwerlich unter einen Hut bringen lassen.

Hier sind sich Flamen und Wallonen einig: die Begeisterung für den Radsport.

Man habe „unerwartete Resultate" bei den Untersuchungen festgestellt, ergab ein Bericht. Und so kam man an der Abschaltung von einem der Reaktorblöcke nicht vorbei; eine Maßnahme, die man auch bei den beiden anderen Blöcken begrüßen würde. Denn sollte das bald 50 Jahre alte AKW ernsthaften Ärger verursachen, würde sich das, je nach Windrichtung und -stärke, innerhalb weniger Stunden sehr hässlich bemerkbar machen. Und da der Wind zumeist von Westen kommt, würfe ein solches Ereignis nicht nur auf Ostbelgien, sondern ebenso auf Aachen, auf Köln, Düsseldorf und das gesamte Ruhrgebiet einen unschönen Schatten. Und das wäre erst der Anfang.

Immer mal wieder erhebt ein Gespenst sein hässliches Haupt, dessen Beute die Auflösung des Staates Belgien werden soll. So ganz undenkbar ist eine solche Entwicklung tatsächlich nicht. Käme es entsprechend, würde Flandern sich wohl den Niederlanden anschließen. Die deutschsprachige Gemeinschaft, so raunte man mir mehrfach zu, sympathisiert mit einer Verschmelzung mit Luxemburg. Die autonome Region Brüssel, weder zu

Flandern noch zur Wallonie gehörend, hätte ein dickes Problem, das zu erörtern aber hier zu weit führt. Bleibt die Frage: Wer will die Wallonie? Früher einmal dank Kohle und Erz und blühenden Schwerindustrien eine reiche Region, hängt sie heute angezählt in den Seilen. Flandern, das früher von den Zuschüssen aus Wallonien profitierte, zeigt immer weniger Lust, nun umgekehrt den verarmten Zweig der Familie weiter zu stützen. Bliebe Frankreich, aber das Land hat ja nun wahrlich schon genug finanzielle Probleme.

Wie soll man ein Land mit über 500 Bieren regieren?

Gut – würde die Wallonie zu Frankreich fallen, könnte man den gewitzten Gérard Depardieu zur Kasse bitten, der sich direkt hinter der Grenze in Belgien einen Wohnsitz zulegte, um der Steuer im Heimatland zu entkommen. Ob Depardieus Nachzahlungen die Kosten aufwiegen, die auf Frankreich durch die Übernahme der Wallonie zukämen, ist allerdings zweifelhaft.

Sie sehen: das alles angemessen zu regieren, ist nicht leicht. *Gar keine* Regierung zu haben, wäre eine Option, deren Tauglichkeit in Belgien nachgewiesen wurde. Ganze 540 Tage hatte das Land ab den Wahlen 2010 keine Regierung, was in der neueren Weltgeschichte einen Weltrekord darstellt. „Na bitte, geht doch!", wird sich mancher Belgier gesagt haben. Denn die Beleuchtung der Autobahnen ging trotzdem nicht aus.

Ja, und dann gibt es noch den „König der Belgier". Man achte auf den feinen Unterschied zu „König von Belgien". Der hieß bis 2013 Albert II. und war eine gewichtige Integrationsfigur. Albert bewies durch Diplomatie mehrfach erfolgreich Einsatz gegen aufflammende separatistische Bestrebungen. Seit 2013 ist nun sein Sohn Philippe König. Der hat zwar mit Mathilde d'Udekem d'Acoz eine sehr schöne Frau, gilt ansonsten aber als eher farblos. Doch warum sollte Philippe nicht mit seinen Aufgaben wachsen, immerhin ist er auch schon 60 Jahre alt und kein Kinderprinz mehr. Als moderner Mensch von heute dürfte er erkannt haben, dass eine Teilung Belgiens kein einziges gravierendes Problem für die Bürger lösen würde.

Teil 1

TEIL 1: DAS HERVER LAND

Ansichten
vom
Niederrhein,
von
Brabant, Flandern, Holland,
England und Frankreich,
im April, Mai und Junius 1790.
von
George Forster.

Dritter Theil.

Berlin 1794.
In der Vossischen Buchhandlung.

Georg Forster, Ansichten vom Niederrhein, 1794

„Nachdem wir durch einen schweren Sandweg in einer tiefen Schlucht die Höhe des Berges, der das Gebiet der Stadt Aachen von der Provinz Limburg scheidet, erreicht hatten, lag dieses herrliche Land wie ein Garten vor uns; und je weiter wir hineinkamen, desto reizender ward die Aussicht auf die klei-

nen umzäunten Wiesen und Viehweiden, welche die sanften, wellenförmigen Hügel bedecken.

Überall ist diese Gegend mit einzelnen, oder höchstens zu drei und vier beisammengestellten Hütten gleichsam besäet, die zum Theil massiv oder von Backsteinen, zum Theil von Fachwerk gebauet, ein wohlhabendes Völkchen andeuten, das hier von der Viehzucht und vom Wollspinnen lebt. Auf viele Meilen weit sieht man die wogichten Hügel überall mit lebendigen Heerden, und hier und dort auch mit hochstämmigen Bäumen geziert; auf Meilen weit liegen, ein paar gute Büchsenschüsse von einander, die einzelnen Bauerhütten. Es ist unmöglich, sich hier etwas anderes, als Einfalt und Gleichheit der Einwohner, zu denken; man irrt in Gedanken von Haus zu Haus, und erblickt überall fleißige Spinner, frohe Hirten und reinliche Käsemacher.

Die Ufer der Maas begränzen endlich diese Aussicht, indem sie unweit Mastricht in der Ferne den jähen weissen Absturz dem Auge darbieten, der mit seinen häufigen Petrefakten den Naturforschern unter dem Namen des Petersberges bekannt ist. Clermont, ein artiges Dörfchen, liegt am Wege, und in dieser Gegend schien uns die Limburgische Landschaft vorzüglich reich und schön. Auf den ersten Blick hat es etwas einladendes, wenn man so die zerstreuten Wohnungen sieht, wo jeder um seine Hütte her sein Fleckchen Landes besitzt, sein Vieh darauf weiden läßt oder auch, wie es weiter hin nach Lüttich zu der Fall ist, seinen Weizen säet.

Man denkt sich dabei eine natürliche Bestimmung des Menschen, die Erde zu bauen und zu besitzen. Allein diese Vereinzelung kann ihn nicht bilden, und der zehnte Theil aller in ihn gelegten Kräfte wäre für den Hirten hinreichend gewesen. Sollte der Mensch inne werden, was es sei, das sich in ihm regt, so mußte sich in verschiedenen Einzelnen bald diese, bald jene Fähigkeit entwickeln, auf Kosten jener allzueinfachen Bestimmung, welche die Wohlthaten des geselligen Lebens nicht kennt, weil seine Bedürfnisse ihm fremd sind. Ich habe die guten Limburger nicht in der Nähe beobachten können; allein ihre Vereinzelung giebt mir Ursache zu vermuthen, daß ihr Ideenkreis äußerst eingeschränkt seyn müsse" (Georg Forster (1791, Erstdruck). Ansichten vom Niederrhein, von Brabant, Flandern, Holland, England und Frankreich.)

Alter Wegweiser bei Sippenaeken

So beschreibt der 1754 geborene Georg Forster seine Eindrücke vom **Herver Land**. Gemeinsam mit dem jungen Alexander von Humboldt, der sich später als sein Schüler bezeichnet, unternimmt Forster 1790 eine Reise, die ihn auch durch Brabant und Flandern führt. Forster begeistert sich für die Ideen der Französischen Revolution (1789), was er in seinen Aufzeichnungen über diese Reise immer wieder erkennen lässt. Auch seine Ideale im Dienst der Aufklärung vertritt Forster selbst in einer Reisebeschreibung. Das ist besonders gut erkennbar in seinen Polemiken gegen den Einfluss der Kirchen.

Das Zitat belegt Forsters Forderungen nach Bildung auch für die niederen Stände; zwar beschreibt er mit Sympathie die Idylle der Region, beklagt aber zugleich, dass durch das isolierte Leben der Landbevölkerung eine verbesserte Bildung kaum zu erreichen ist (*Georg Forster, Ansichten vom Niederrhein, von Brabant, Flandern, Holland, England und Frankreich. Teil I 1791.*).

Mittiger im Herzen der Euregio Maas-Rhein kann eine Region nicht liegen. Umgeben vom Dreieck Aachen-Lüttich-Maastricht, vereinigt die Landschaft alles, was sie an Einflüssen der unterschiedlichen Länder aufnehmen konnte. Französisch geprägte Lebensart zum Beispiel, was die vor allem auf regionalen Produkten basierende Liebe zu gutem Essen und Trinken betrifft. In Aachen nennt man das auch den „welschen Schlag".

450 km^2 groß ist die hauptsächlich von Weiden, Wiesen und Hecken geprägte Landschaft. Obstplantagen und Streuobstwiesen deuten darauf hin, dass man hier mit Früchten umzugehen weiß. Längst nicht alles davon kann regi-

Aubel im Herzen des Herver Landes

onal vermarktet und verarbeitet werden. Im Zusammenhang mit dem 2014 erlassenen Handelsboykott gegen Russland konnte man erfahren, dass ein sehr großer Teil der in Belgien produzierten Früchte dorthin exportiert wird. Oder wurde. Im Erzeugerland landen Äpfel und Birnen nicht unbedingt nur als ganze Früchte beim Konsumenten. Eine Delikatesse der besonderen Art ist das *Sirop de Liège* (siehe auch den Abschnitt über Aubel), das nicht nur als Brotaufstrich, sondern auch beim Kochen regionaler Spezialitäten eine wichtige Rolle spielt.

Dass Milchprodukte im Herver Land ganz obenan stehen, was die Herstellung von Lebensmitteln angeht, dürfte angesichts der vielen Rinder auf den Weiden ziemlich klar sein. Vor allem Käse ist ein beliebtes und sehr spezielles Produkt. Die würfelförmigen Limbourger können zwischen sehr mild und infernalisch riechen und schmecken, wobei Letzteres sich mehr auf den Geruch bezieht, denn selbst ein richtig reifer Klotz, tatsächlich geeignet bei der Bekämpfung von Malariamücken, hat einen dem Hautgout gegenüber vergleichsweise zarten Geschmack. Und wem selbst der noch zu streng ist, mischt auf seinem Brot Käse mit Sirop de Liège. Ein geschmackliches Wunder tut sich auf Ihrem Gaumen auf. Als Kenner sollten Sie darauf achten, dass der Limbourger Herve aus Rohmilch hergestellt ist.

Auch regional hergestellter Ziegenkäse hat sich in den vergangenen Jahren etabliert. Es sind kleine Höfe und Betriebe, deren Produkte, zu finden unter dem Begriff *Chêvre*, an Beliebtheit dem Herve bei Gourmets nicht mehr nachstehen. Auf dem Markt von Aubel (siehe dort) stehen die Produzenten dienstags und sonntags persönlich an ihren kleinen Ständen, ebenfalls auf manchen anderen Wochenmärkten. Und in Fromagerien finden Sie natürlich auch eine feine Auswahl.

In Eupen-Kettenis (zwischen Eynatten und Eupen-Stadt) gibt es seit 2018 einen Ziegenhof (Aachener Straße 364, 4701 Eupen), dessen Betreiber Philippe Hunger Milch und selbst gefertigten Käse sowie Erzeugnisse regionaler Landwirte und anderer Produzenten, darunter Honig, Gemüse, Sirup und andere Käsesorten anbietet. Besucher können zudem frühstücken, brunchen und mittagessen.

Und dann gibt es natürlich das belgische Bier, von dem einige der geschätzten 500 Sorten auch im Herver Land gebraut werden. So im Kloster Val Dieu, wo eine Braumeisterin über Malz und Hopfen regiert. Heraus kommen dabei einige Biere, die ganz objektiv (also ohne Blick in die schönen Augen der jungen Chefin) zu den Besten gehören, die mir bekannt sind. Und das sind nicht wenige.

Einen weiten Blick ins Herver Land bietet der Golfplatz bei Henri-Chapelle.

HOMBOURG

Im Dorf **Hombourg**, das zur Gemeinde Plombières gehört, ist die Kleinbrauerei *Grain d'Orge* sehr aktiv. So klein die Brauerei, so vielfältig das Angebot, welches man im eigenen Pub gleich neben der Kirche verkosten kann. Vor allem im Sommer stärken sich Sportradfahrer im bunten, zarten Outfit auf der Terrasse für die Weiterfahrt. Den Pub zu verfehlen, dürfte schwer sein. Für die Radler gibt es sogar draußen eine Raucherhütte.
» www.grain-dorge.com/pub

Man produziert außer der eigenen Marke auch Biere unter den Namen *Aubel, Brice, Joup* oder *Canaille* (um nur einige zu nennen). Und sogar Privatbiere kann man bestellen, für ein Fest, ein spezielles Lokal, einen Verein oder eine Gesellschaft. Natürlich komplett konfektioniert bis hin zum individuellen Etikett. In einem Bierland wie Belgien ein sicher gern genutzter Service.
» www.grain-dorge.com

Apropos Bierland. Ein Freund aus Frankfurt, Spezialist für fränkische Biere und Veranstalter von Verkostungen, wollte einmal belgische Biere für so einen Abend besorgen. Irgendwo auf der Autobahn Richtung Antwerpen verließ ihn sein Auto. Jemand hielt und bot an, ihn abzuschleppen, was mein Freund dankend annahm. So nahm der freundliche Helfer ihn ans Seil und brachte ihn zu seinem nahe gelegenen Wohnort. Wo sich dann herausstellte, dass er Betreiber einer Mikrobrauerei ist.

HERVE

Herve, das der Region seinen Namen gegeben hat, hat als Ort selbst nicht viel zu bieten, außerdem liegt das Städtchen an einem Hang und ist, jedenfalls zu Fuß, ausgesprochen schwierig zu meistern. Allemal einen Besuch wert ist aber das dortige Tourismusbüro, das engagiert und überaus fachkundig die von ihm vertretene Region präsentiert. Es ist im ehemaligen

Bahnhof der Stadt untergebracht (Place de la Gare 1) und betreibt eine mehr als vorbildliche Website in mehreren Sprachen, darunter auch deutsch.
» www.paysdeherve.be/de/tourismus-haus

Der Bahnhof von Hombourg

Gleich beim Tourismusbüro beginnt die *Linie 38*. Die ehemalige Eisenbahntrasse, die das Pays d'Herve entlangführt, ist heute eine beliebte Route für Radfahrer und Spaziergänger. Bei Froidthier führt sie über eine im alten Stil restaurierte Brücke mit dem Namen „du Chaumont". Dann geht es weiter nach Aubel, wo nur noch eine alte Lokomotive an das frühere Bahnhofsgelände erinnert. Ein guter Freund aus Köln, Fotograf, schwärmt noch heute von dem Bahnhofsgebäude, das leider schon lange nicht mehr steht. Im Gegensatz zum **Bahnhof von Hombourg**, der in Privatbesitz ist und liebevoll restauriert wurde. Ab und an ist dort mal ein Restaurant in Betrieb, so ganz scheint das aber nicht zu funktionieren, was sehr, sehr schade ist. Die Küche war ausgezeichnet, man fühlte sich in ein anderes Jahrhundert versetzt, und außerdem schenkte man ein eigenes Bier aus, gebraut von *Grain d'Orge*. Für

Was man rund um den Bahnhof von Hombourg so alles finden kann.

Hoffen wir, dass er leer ist: Tankwaggon beim Gare d'Hombourg.

größere Veranstaltungen und Feste kann der Bahnhof weiterhin gemietet werden.

Seitdem vor einiger Zeit die Schienen bis zum Bahnhof entfernt wurden, sind leider die Pläne eines Vereins ad acta gelegt worden, den Bahnhof von Hombourg wieder an das Bahnnetz anzuschließen, um mit einer alten Lok für Touristen eine nostalgische Fahrt zu ermöglichen. Gegenüber dem Bahnhof wurde mit viel Geschmack ein Haus zu Ferienwohnungen ausgebaut. Ein Postwaggon von 1930 wurde für Festmahlzeiten ausgebaut, und als Clou kann man in einem englischen Krankenwaggon für Soldaten sogar übernachten. 42 Betten bietet der nicht sehr komfortable, dafür besonders originelle Anhänger. Alles in allem ist der Bahnhof von Hombourg einen ausgedehnten Ausflug wert, zudem die alten Gleise zu Spaziergängen einladen. Keine Sorge, Ihr Ohr auf die Schienen legen müssen Sie nicht mehr, der Betrieb ist schon lange eingestellt.

›› www.lagarehombourg.be

Ein weiterer Bahnhof in der Nähe ist der **Verschiebebahnhof bei Montzen**. Einst eine mächtige Anlage, ist er inzwischen nur noch teilweise in Betrieb. Seither dienen die alten Gebäude Vandalen als Übungsgelände für das Zerstören von Scheiben und Einrichtungen. Auch als Location für Fotosessions erfreut er sich einer gewissen Beliebtheit. Das ganze Ambiente vermittelt das, was in einer bestimmten Szene als *Lost Place* bezeichnet wird. Diese Website gibt Ihnen einen Eindruck:

» www.lost-places.com/Bilder/lp104

PLOMBIÈRES ②

Alter Waggon im Bahnhof Montzen

Montzen gehört, wie Hombourg, zur Gemeinde Plombières, das bis 1919 **Bleyberg** hieß. Der Name lässt es vermuten: auch hier wurde einst Erz abgebaut, ähnlich wie in Neutral-Moresnet. Insgesamt besteht die Verbandsgemeinde aus neun Dörfern (Plombières mit dem Verwaltungssitz, *Moresnet-Village, Moresnet-Chapelle, Hombourg, Gemmenich* und dessen Gemeindeteil *Völkerich, Montzen* samt Gemeindeteil *Montzen-Gare* sowie *Sippenaeken*). Rund 10.000 Menschen leben hier, die Landschaft ist von Wiesen, Weiden, Äckern und Wäldern geprägt. Überall finden sich schöne Spazier- und Wanderwege. Das Flüsschen Geul (oder Göhl) fließt von Kelmis her durch das Gemeindegebiet, um bei Sippenaeken die niederländische Grenze zu überqueren.

Zwar ist Plombières, wie auch die anderen Teile des Herver Landes, politisch wallonisch, dennoch wird keineswegs nur französisch gesprochen. Vor allem werden lokal verbreitete Dialekte liebevoll gepflegt, die sich selbst von einem Dorf zum anderen unterscheiden. Für Sprachforscher ist die Gegend hochinteressant. Das Gemmenicher Platt (*Jömelejer Plat*) enthält zum Bei-

Das „Maison du Site Minier" (1645) in Plombières

spiel Einflüsse des rheinischen Platts ebenso wie des französischen, aber auch des luxemburgischen, niederländischen Platts. Was bei den anderen Gemeinden nicht wirklich anders ist, aber doch ein klein wenig anders.

Zurück nach **Plombières**. Vom dortigen Bleierzabbau im industriellen Stil ist kaum etwas Erkennbares übrig geblieben. Einst standen hier große Fabrikgebäude, und es gab einen Bahnhof. Die letzte Zeche in Plombières wurde 1975 geschlossen.

Wenn Sie von Gemmenich her kommend, über den Weiler Völkerich hinunter ins Göhltal fahren und gegenüber einer neobyzantischen Kirche nach links abbiegen, sehen Sie kurz darauf an der rechten Seite der Straße kleine Wohnhäuser aus Backsteinen, umgeben von Gärten. Diese Häuser wurden früher von Arbeitern des Bergwerks bewohnt, das sich genau gegenüber befand. Dort ist heute alles grün, und ich lege Ihnen einen Entdeckungsspaziergang auf dem Gelände ans Herz. Aus Richtung der erwähnten Kirche kommend, sehen Sie einen asphaltierten Weg, der nach links abgeht und kurz danach halb links in einen Parkplatz mündet. Hier ist ein schöner, kleiner Park angelegt, der früher zu der nicht mehr bestehenden Direktorenvilla der Mine gehörte.

Galmeiveilchen auf dem früheren Minengelände von Plombières

Alte Bäume stehen dort, auch eine große Grillhütte sowie Spielgelegenheiten für Kinder. Gehen Sie den Park entlang, kommen Sie ein Stück weiter, sich links haltend, auf eine vermeintliche Brache, bewachsen von allem, was der Boden herzugeben imstande ist, darunter Heilpflanzen wie Beinwell und Schafgarbe. Doch lassen Sie diese ebenso konsequent stehen wie den Bärlauch im Hohnbachtal bei Kelmis. Der Boden ist stark schwermetallhaltig, und Blei soll ja bekanntlich das ganze römische Reich auf dem Gewissen haben. Nein, nicht in Form von Kugeln, sondern als Gift, das aus den bleiernen Kanalrohren ins Trinkwasser geriet. Sie bewegen sich nämlich über die alten Abraumhalden der Mine.

Auf einer Fläche von etwas mehr als 20 ha versteckt sich entlang des Straßendorfes Plombières eine Landschaft von außergewöhnlicher Schönheit und Seltenheit. Hier, im Tal der Göhl (franz. Gueule, niederl. Geul), wurde seit dem 13. Jahrhundert Erz abgebaut, vor allem Blei und Zink. Aus den mehr als bescheidenen Anfängen entwickelte sich eine bedeutende Industriestätte, die erst vor gut 100 Jahren aufgegeben wurde, da sie nicht mehr profitabel war.

Die Bauten verfielen oder wurden zerstört, 1934 wurden die beiden letzten Schornsteine gesprengt. Das Flüsschen Göhl, dem man zwecks industrieller Nutzung des Wassers einen neuen Lauf durch das Gestein am Rande der Mine gebohrt hatte, konnte wieder in aller Ruhe vor sich hin fließen.

Das frühere Werksgelände regenerierte sich in den folgen Jahrzehnten, es wurde grüner und grüner. Seine Wald- und Wiesenflächen weisen eine Besonderheit auf, die nur im benachbarten La Calamine (Kelmis) auf dem ebenfalls nicht mehr wirtschaftlich genutzten Gelände der Grube Altenberg so ähnlich zu finden ist. Der erzhaltige Boden bildet die wichtige Basis für eine Flora, die als Galmeiflora (etwas weniger nett „Schwermetallrasen" genannt) bezeichnet wird. Der wohl bekannteste und zugleich hübscheste Vertreter dieser Flora ist das bis spät in den Herbst blühende gelbe Galmeiveilchen. Weitere, nicht ganz so auffällige Pflanzen sind die Galmei-Frühlings-Miere, die Galmei-Grasnelke und das Galmei-Hellerkraut. Für sie alle ist Schwermetalle enthaltener Boden ein wichtiges Element zum Gedeihen. Das gelbe Galmeiveilchen findet man endemisch nur im Dreiländereck um

Aachen, also an einigen Stellen auf deutscher Seite und bei Plombières und La Calamine. Während sie für andere Pflanzen giftig sind, stellen Zinkerze für die Mitglieder der Galmeiflora keinen Hinderungsgrund bei der Verbreitung dar. Ganz im Gegenteil.

Das frühere Minengelände bei Plombières steht unter Naturschutz, und an nicht wenigen Stellen, zum Beispiel am Lauf der Geul, hat sich so etwas wie Urwald entwickelt. Ein Baum wird morsch? Dann fällt er eben um und bietet Lebensraum für Moose und Pilze. Eine Senke ist feucht? Dann füllt sie sich mit Schilf und Rohrkolben. Mächtige, noch vorhandene Abraumhalden sind hingegen weitgehend kahl, was dort wächst, gehört mit Sicherheit zu den Pflanzen, die Zink so lieben wie Katzen Baldrian.

Nur dem aufmerksamen Besucher fallen letzte Relikte der Industrialisierung auf, so einige Schwellen der früheren Bahnlinie, ein gepflasterter Bahnsteig und einige mit Deckeln gesicherte Schächte. Eindrucksvoll ist auf jeden Fall der Felsdurchbruch, der einst der Geul einen anderen Verlauf bescherte. Man kann von einer kleinen Plattform aus ein paar Meter hinein schauen.

Die Göhl zwischen Plombières und Sippenaeken

Beschilderte Wege ermöglichen es Spaziergängern und Wanderern, das Gebiet zu erkunden. Es gibt außer der mangels nennenswertem Gefälle gemütlich dümpelnden Göhl einen schönen See, an dem sich Wasservögel und Amphibien wohl fühlen. Die Ruhe in dem nur zweihundert Meter von der Durchgangsstraße und den Häusern von Plombières entfernten Naturreservat tut gut und lädt zum Verweilen ein, ob auf einer der Bänke oder auch einfach auf dem Boden.

Sich informieren über das Gestern und Heute der Mine von Plombières kann man im hübsch gestalteten La Maison du Site Minier am Rande des Parks, das in einem Haus aus dem 17. Jahrhundert untergebracht ist. Jeden Sonntag startet dort eine kostenlose Wanderung durch das Gebiet.

Der Göhl, diesem Drei-Länder-Gewässer, das von der Quelle – zwar schon auf belgischem Gebiet, aber nur einen Steinwurf vom Aachener Wald entfernt – bis zur Mündung auf niederländischem Boden in die Maas 56 km lang ist und dabei 238 Höhenmeter hinter sich lässt, hat sich eine Vereinigung angenommen, die sich Via Gulia nennt. Stellenweise noch naturnah und ursprünglich, auf anderen Abschnitten deutlich durch die Nutzung durch den Menschen geprägt, zeigt die Göhl immer wieder neue Aspekte der Region. Und da das überaus interessant ist, hat Via Gulia eine gleichnamige Route zusammen gestellt, die man, am besten über mehrere Tage oder Besuche erwandern kann. Die Gesamtstrecke teilt sich auf in fünf Hauptrouten und eben so viele Nebenrouten, und auf der Website von Via Gulia ist alles ausführlich beschrieben.

Website Via Gulia:
» http://www.viagulia.be/
Website ostbelgien.eu: Beschreibung des Göhltals
» https://www.ostbelgien.eu/de/fiche/hiking/gohltalroute-via-gulia-gulpen-valkenburgh-maas

La Maison du Site Minier
Rue du Chemin de Fer , 25
4850 Plombières
+32 (0) 87 78 50 33
+32 (0) 87 35 53 77

Voir sur la carte
tourisme@plombieres.be
» www.plombieres.be

Eine Übersichtskarte mit verschiedenen Ansichten:

» http://observatoire.biodiversite.wallonie.be/carto/sites/carte.aspx?type=sgib&id=354

Eine Zusammenfassung der Geschichte dieser einst bedeutenden industriellen Stätte:

» http://www.trois-frontieres.be/D/mine_plomb.php

MONTZEN

Apropos Angeln – wenn Sie die Dorfstraße (N 613) von Plombières aus weiter in südliche Richtung fahren, sehen Sie nach wenigen Minuten den imposanten Viadukt von Moresnet, der das Tal der Göhl überbrückt. Ehe wir uns den genauer ansehen, fahren Sie zunächst einmal drunter durch und halten sich an der Straßengabelung rechts (Schild Richtung Montzen). Nach einigen Minuten erreichen Sie Montzen, dessen Ortsmitte von einem großzügig angelegten Platz bestimmt wird. Nun heißt es Obacht geben. Fahren Sie halbrechts

Schloss Raaf bei Montzen

gegenüber der Einmündung, aus der Sie kommen, in die Rue de Hombourg. Sie passieren wenige Meter weiter ein rechts der Straße liegendes Herrenhaus, in dem eine Kunstgalerie untergebracht ist, das **Maison art Pütz**.

Etwa 200 m weiter biegen Sie vor einer aus Backsteinen erbauten Kapelle in die Rue Hubert Denis ab. Wo diese sich gabelt, fahren Sie nach links in den Chemin de Bömken. Bald lassen Sie die letzten Häuser von Montzen hinter sich, die Straße wird enger und der Asphalt noch schlechter, aber alles bleibt im grünen Bereich. Dann sehen Sie vor sich einen großen Teich, hinter welchem bereits das Dach von **Schloss Raaf-Streversdorp** zu erkennen ist. Am anderen Ende des Teichs können Sie rechts auf einen kleinen Parkplatz fahren, der ansonsten den hier stets anzutreffenden Anglern dient. Von hier aus können Sie das von einem Wassergraben umgebene Schloss ausgiebig betrachten.

Während die wehrhafte Burg in gutem Zustand ist, kann man das von dem davor liegenden Gehöft leider nicht sagen. Auch Schlossbesitzer sind nicht immer Menschen mit unerschöpflichen Geldmitteln. Das wuchtige Gemäuer wirkt auf mich wie ein alter, durch viele Kämpfe verwundeter und vernarbter Kater, denn den Mauern sieht man deutlich an, dass sie im Laufe der Jahrhunderte einiges mitgemacht haben. Ob aus kriegerischen Gründen oder eher alltäglichen, sei dahingestellt. Eindrucksvoll ist der Anblick auf jeden Fall.

Wenn Sie schon hier sind: Kehren Sie doch noch einmal zurück bis zu dem Punkt, wo sich der Weg gabelt und wo Sie vorhin links gefahren sind. Nehmen Sie jetzt aber den Weg nach rechts, der **Rue du Château de Broich** heißt. Und genau das erwartet Sie am Ende, ein weiteres Château, das nur einen Steinwurf von Raaf entfernt liegt. Die Ursprünge von **Château de Broich** reichen bis ins 12. Jahrhundert zurück, die Gebäude haben einige Umbauten und Anpassungen an die jeweilige Epoche erlebt, 1965 wurde das Château restauriert. Wie beim Nachbarschloss sind Teiche angelegt.

Wenn Sie das Château de Broich auch nicht besichtigen können, so ist es doch einen Spaziergang wert, zum einem wegen des auch von außen imposanten Eindrucks, zum Zweiten, weil es Ihnen im Gesamtkontext der Landschaft einen Eindruck vom Leben des Landadels in früheren Zeiten vermittelt, denn in der direkten Umgebung dürfte sich bis heute nicht viel geändert haben.

MORESNET

Sie erinnern sich, aus welcher Richtung Sie gekommen sind? Wenn Sie also von dem oder den Schlössern zurückkehren, erreichen Sie wieder das Zentrum von Montzen. Am zentralen Platz fahren Sie in die gegenüber leicht versetzt liegende Straße und sehen bald erneut den eindrucksvollen Viadukt über die Göhl vor sich. Der ist 1.300 m lang und 68 m hoch und erfreut sich bei Eisenbahnliebhabern offenbar einiger Beliebtheit, zumindest als Fotoobjekt. Wenn Sie nun an der am Ende querende Straße angelangt sind (den Viadukt also noch nicht unterquert haben), fahren Sie noch einen kleinen Schwenker auf der Straße nach rechts, kaum 300 m. Nach einer Linkskurve und einem Brückchen sehen Sie vor sich im Hang ein Gebäude, das gut einem Vampir oder einem sonstigen zwielichtigen Wesen gehören könnte. Ob dem tatsächlich so ist, weiß ich nicht, aber auch, falls dort kreuzbrave Leute wohnen, ist die Eulenburg eine Betrachtung wert. An der Straße befindet sich eine Art Torhaus, an dem Sie das Auto parken können.

Moresnet-Village, das „Maison du Terroir"

Die Eulenburg

Die **Eulenburg** ist kein historisches Château, erbaut wurde sie erst gegen Ende des 19. Jahrhunderts, allerdings im Stil der Neogotik, und die ist für die etwas spukige Anmutung verantwortlich. Leider kann man von der Straße aus nicht die ganzen Dimensionen des Châteaus erfassen, aber einen guten Eindruck bekommt man schon. Im Linkverzeichnis des Buches finden Sie einen Verweis auf Seiten, die sich inhaltlich mit den Châteaus der Region befassen, dort gibt es weitere Fotos (S. 259).

Noch einmal zurück, bis Sie endlich den Viadukt unterfahren können. Gleich dahinter biegen Sie nach rechts ab. An dieser Einmündung können Sie Reste eines weiteren Anwesens erkennen, das wohl einmal eine Burg gewesen sein muss. Dem **Château d'Alensberg** wurde unglücklicherweise die unmittelbare Nähe zum Viadukt zum Verhängnis – im September 1944. Deutsche Truppen versuchten, den Zugverkehr durch Zerstörung des Viadukts zu unterbrechen. Das gelang ihnen zwar nicht, dafür bekam Château d'Alensberg aber so viele Schäden ab, dass es nicht mehr zu vertretbaren Kosten wiederhergestellt werden konnte. Inzwischen sind aber wenigstens einige der verstreut um eine große Rasenfläche stehenden Bauten wieder in restauriertem Zustand.

Der Viadukt bei Moresnet-Village

Die Straße wird abschüssig, Sie queren die Göhl und kommen nach **Moresnet-Village**. Der Ortskern besteht aus zahlreichen Bruchsteinhäusern und sieht recht pittoresk aus. In einem der Häuser ist ein weithin bekanntes Restaurant zu finden, die renommierte *Auberge de Moresnet*.
» www.aubergedemoresnet.be

Und wenige Meter weiter steht ein schön restauriertes Gebäude, teils aus Naturstein, teils aus Fachwerk. Es ist das **Maison du terroir**, ein Museum, das die Geschichte des Dorfes sowie den Bau des Viadukts zum Thema hat. Das hübsche Haus ist an zwei Sonntagen im Monat geöffnet.

Eine zweite Adresse für Gourmets liegt 2 km außerhalb des Dorfkerns. Wenn Sie die Eulenburg passieren, führt die Straße bergan, beschreibt ein paar Kurven und führt an einem Bruchsteinhaus vorbei, das links der Straße liegt. Dieses liebevoll geführte Restaurant ist schon lange kein Geheimtipp mehr und bietet dem anspruchsvollen Gourmet, was er erwartet.
» www.lappetit.be

Gut versteckt liegt in Moresnet übrigens noch ein Schloss, das **Château Bempt**. Sie können es nur von außen sehen, es ist wenige Meter vom **Maison du terroir** entfernt. Sie gehen die am Museum vorbeiführende, leicht links schwenkende Straße hoch und biegen von dieser 50 m weiter nach links ab. Dann liegt das Schloss 100 m vor Ihnen in den Wiesen. Eine andere Möglichkeit, etwas davon zu sehen: Sie gehen aus Richtung *Auberge de Moresnet* ein kurzes Stück bergab. Gleich hinter einem Café gehen Sie rechts in die kleine Seitenstraße, und nach etwa 100 m geht ein unscheinbarer

Kiesweg nach rechts. An dessen Ende sollten Sie zumindest von außen einen Blick auf das elegante Anwesen werfen können.

Wenn Sie Moresnet in Richtung Norden, also vom Viadukt weg, verlassen, stoßen Sie nach 1,5 km auf eine Querstraße. Rechts ist eine Bahnunterführung, hinter der der Ort Kelmis beginnt. (Achtung, hier gilt, wie oft in Belgien, rechts vor links!) Sie biegen hier aber nach links ab, die Straße geht leicht abwärts. Der nächste Ort ist **Moresnet-Kapelle**, ein alter Wallfahrtsort, der aber seine besten Jahre schon lange hinter sich hat. Das Wallfahren ist inzwischen doch etwas aus der Mode gekommen, was Sie leicht an einer Diskrepanz zwischen der Größe des Parkplatzes und den dort tatsächlich stehenden Autos erkennen können.

Dass sich gerade hier ein der Mutter Gottes gewidmetes Wallfahrtsziel für fromme Pilger befindet, hat folgende Geschichte. Um 1750 wurde ein Einwohner des Dorfes namens Arnold Franck auf wundersame Weise von der Epilepsie geheilt. Man darf vermuten, dass seine Angehörigen zuvor intensiv

Der Kalvarienberg in Moresnet-Kapelle

zur Heiligen Jungfrau gebetet hatten. Kaum hatte sich der Erfolg dieser Fürbitten herum gesprochen, kamen auch andere Menschen nach Moresnet, die sich erhofften, einen ähnlichen Erfolg im Kampf gegen ihre Leiden verbuchen zu können. Aus Aachen vertriebene Franziskaner übernahmen um 1875 das Pilger-Geschäft und professionalisierten es. Zu den nachhaltigen Zeichen ihres Wirkens gehört ein Kalvarienberg, der 1902 eröffnet wurde und bis heute Besucher anzieht. Für die Gläubigen bietet dieser Park mit seinen 12 Kreuzwegs-Stationen eine Gelegenheit zum Beten und Bitten; aber auch weniger fromme Besucher finden hier ein lohnenswertes Ziel: An die 70.000 Zierpflanzen bilden ein prachtvolles Emsemble und lassen das Herz jedes Gartenfreundes hoch schlagen. Der Höhepunkt des Jahres ist ohne Frage die Frühjahrssaison, wenn die zahlreichen Rhododendron in allen erdenklichen Farben blühen. Sie finden den Kalvarienberg in Moresnet-Chapelle gleich gegenüber der Kirche.

An dieser Stelle muss ich eine Anekdote erzählen. Meine Großeltern mütterlicherseits pilgerten in den 1920er-Jahren jeden Sonntag zu Fuß von Aachen nach Moresnet-Kapelle. Mit dabei stets die Kinder, darunter auch meine Mutter. Ein anstrengender Weg, aber er musste getan sein. Beten und Kerzenanstecken in der kleinen Marienkirche standen natürlich stets im Vordergrund, aber es gab noch ein weiteres Motiv für die Ausflüge. Es wurde in Belgien vieles eingekauft, was in Deutschland in diesen Jahren nicht oder nur teuer zu bekommen war. Selbst Brot wurde dort gekauft.

Da das nicht erlaubt war, kontrollierten im Wald deutsche Zöllner, die offenbar keine Gnade kannten und selbst Kinder festhielten. Denn die wurden natürlich von ihren Eltern ebenfalls zum Schmuggeln eingesetzt.

Meine Großmutter mütterlicherseits habe ich nur als liebe Bilderbuchoma in Erinnerung. Doch einmal, so erzählte meine Mutter, muss sie furchtbar aus der Haut gefahren sein. Im Preuswald, also im Grenzgebiet, wurde die kleine Karawane, an diesem Tag bestehend aus meiner Oma und den Kindern, von einem Zöllner angehalten. Er kontrollierte, was in den mitgeführten Taschen alles war, fand aber nur eher unbedeutendes Schmuggelgut, also weder Kaffee noch Tabak noch Alkohol. Dafür aber einige große Kastenweißbrote in der Einkaufstasche meiner Oma. Die Brote müsse sie herausrücken, befahl der Zöllner. Doch meine Oma, die wusste, dass das Brot anschließend von den Zöllnern selbst verzehrt würde, weigerte sich. Es gab einen lautstarken Streit, bei dem der Grenzhüter immer wieder die Herausgabe der Tasche mit den Broten verlangte. Die Kinder standen derweil weinend daneben. Und dann platzte meiner Großmutter der Kragen. Mit den Worten: „Die bekommt ihr nicht, eher piss ich drauf!", setzte sie sich mit geschürztem Rock quer über die am Boden stehende Tasche und tat, wie sie angekündigt hatte.

Wie die Geschichte ausging, weiß ich nicht mehr, aber eigentlich braucht sie kein anderes Ende als dieses.

GEMMENICH 4

Gemmenich mit weitem Blick ins Herver Land

Nahtlos geht Moresnet-Kapelle in **Gemmenich** über. Der alte Ort, urkundlich bereits um 850 erwähnt, liegt versteckt hinter einem Berg, den sich die Niederlande, Belgien und Deutschland teilen. Die oben befindlichen „Drie Schtäng" (Drei Steine) zeigen, bis auf ein paar Meter genau, das Zusammentreffen der drei Grenzen. Es waren sogar einmal vier Grenzen, in den 100 Jahren, in denen **Neutral-Moresnet** existierte. Deshalb heißt die Straße, die vom niederländischen Vaals aus auf den Weg führt, auch heute noch **Viergrenzenweg**.

Ich empfehle, nach Gemmenich von Vaals kommend über diesen Viergrenzenweg und somit über den Berg zu fahren, anstatt die direkte Verbindung unterhalb zu nehmen. Belohnt werden Sie dafür mit einigen weiten Ausblicken in alle Richtungen. Zwei Türme stehen oben, ein niederländischer und ein belgischer. Wenn Sie diese gegen ein kleines Entgelt besteigen (Aufzug geht auch), sind die Aussichten noch mal so groß. Ansonsten bietet der Gipfel des mit 322,7 m höchsten Berges der Niederlande (abgesehen von einem Vulkan auf den Niederländischen Antillen) noch allerlei Zerstreuungen

Der Baudoin-Turm auf dem Vaalser Berg

in Form von Restaurants und Cafés, einem großen Kinderspielplatz, einem Labyrinth, Andenkenbuden sowie einer Imbissbude, um keinen Ausflügler auf die Idee kommen zu lassen, doch einfach nur durch den schönen Wald zu spazieren. Zum Beispiel nach Moresnet.

Davon, dass **Gemmenich** schon so alt ist, zeugt heute nichts mehr. Das Dorf ist in den letzten 20 Jahren um einige Neubaugebiete ringsum gewachsen, und einen richtigen Kern gibt es eigentlich auch nicht. Es gibt schönere Dörfer. Wer dort wohnt, sieht das gewiss anders, und vielleicht durchaus zu Recht. Das Dorfleben ist ja auch ein überaus wichtiger Faktor für eine Gemeinde, und das ist in Gemmenich sehr intakt. Stolz ist man auf sein Blasorchester, das bei vielen Gelegenheiten auf der Straße spielt.

Die Umgebung bietet zahlreiche Erholungsmöglichkeiten, im Norden und Westen liegen lang gestreckte Wälder, die zum Wandern einladen. Mit Glück sehen Sie bei so einer Gelegenheit das „Wappentier" der Region, den Dachs. Ganz sicher werden Sie Bauten finden, während die Bewohner die Dunkelheit bevorzugen. Dann kann es durchaus passieren, dass so ein Bursche vor Ihnen die Straße kreuzt. Oder ein Fuchs oder Igel oder Marder oder Frösche ... Deshalb fahren Sie bitte stets mit Gelassenheit durch unsere Region.

In der Weihnachtszeit kommen viele Besucher von außerhalb nach Gemmenich. Bevorzugt erst dann, wenn es dunkel ist. Vor mehr als 30 Jahren begannen Bewohner, an vielen Stellen im Dorf selbst gebaute Weihnachtskrippen aufzustellen. Sie sind gerade durch ihre unprätentiöse Machart sehenswert und bewegen sich stilistisch zwischen naiver Bastelei und aufwendigen Tableaus. Wenn es dunkel ist, sehen sie natürlich besonders romantisch aus. Ein Besuch lohnt unbedingt!

Gemmenich ist als Urlaubsziel vor allem bei Niederländern beliebt. Es gibt zwei große Campingplätze, Ferienhäuser und andere Unterkünfte. Einen Golfplatz mit landschaftlich traumhafter Umgebung gibt es ebenfalls. Er liegt rings um einen ehemaligen Gutsbetrieb an der Straße nach Sippenaeken und ist heute eine 27-Loch-Golfanlage mit Hotel und Restaurant.
» www.de.mergelhof.com

Die restaurierte Wassermühle an der Geul

Nicht weit von den Campingplätzen, an der Göhl zwischen Gemmenich und Sippenaeken, liegt die letzte von drei im belgischen Abschnitt des Göhltals erhaltenen Wassermühlen. Sie stammt aus dem Jahr 1801 und wurde vor einigen Jahren sorgfältig restauriert.

Es gibt dort auch eine Fischtreppe, dank der Fische wie Forellen und sogar Lachse am Wehr und den Schleusen rings um die Mühle flussaufwärts wandern können. Alles ist für Besucher leicht zu finden, dort, wo die Straße die Göhl überquert.

SIPPENAEKEN

Zuletzt muss noch das Dorf **Sippenaeken** als Teil der Gemeinde Plombières genannt werden. Der kleine Ort liegt unmittelbar an der Grenze zu den Niederlanden. Und zwar so unmittelbar, dass gegen Ende des Dorfs die Häuser auf der rechten Straßenseite schon in den Niederlanden stehen. Kurz danach, die Straße führt in einer leichten Kurve bergab, tut sich ein weiter Blick über das Land auf, in dessen Fokus das großartige **Schloss Beusdael** liegt. Dieses von einem mächtigen Wohnturm dominierte Gebäude ist, auch durch seine Lage, eine der schönsten Wasserburgen Belgiens. Sie gehört heute einer katholischen Stiftung und kann nicht besichtigt werden. Darüber tröstet aber gewiss der großartige äußere Eindruck etwas hinweg. Für eine Besichtigung müssten Sie gewiss Eintritt bezahlen – kaufen Sie sich doch stattdessen von dem gesparten Geld auf der Gelatofarm in Teuven (s. S. 93) ein schönes frisches Eis. Übrigens: wenn Sie den Turm des Schlosses, aus Sippenaeken kommend, gerade so sehen können, liegt rechts von Ihnen an der Straße der südlichste Punkt der Niederlande.

Kleiner Tipp: Wenn Sie nicht mit dem Auto unterwegs sind, können Sie etwa 2 km hinter Schloss Beusdael durch den Wald zur Gelatofarm radeln oder spazieren (Hinweisschild beachten).

Château Beusdael

AUBEL 6

Der Markt in Aubel

Aubel ist ein freundliches, kleines Städtchen im Herzen des Herver Landes. Die Gemeinde hat etwa 4.000 Einwohner, zu denen sich dienstags und vor allem sonntags noch eine große Zahl an Auswärtigen gesellt, denn dann findet im Zentrum von Aubel der Markt statt. Besucher sollten sich viel Zeit lassen, man kommt zwischen den Ständen nur langsam voran, und zudem laden bei gutem Wetter die Terrassen der Lokale und Cafés zur Kaffeepause ein. Wenn man denn einen freien Sitzplatz findet – Markt in Aubel ist eben mehr als nur einen Einkauf wert. Er ist ein Ereignis.

Nicht zuletzt die regionalen Produkte machen das Marktangebot in Aubel so besonders, schließlich sind wir hier inmitten einer fruchtbaren Region, deren Spezialitäten weit über die Grenzen des Herver Landes berühmt sind. Zu nennen ist das Apfelkraut, *Sirop de Liège* oder *Delice de Liège* genannt, das neben Äpfeln auch Birnen von den zahlreichen Streuobstwiesen der Umgebung enthält und als Besonderheit für echte Schleckermäuler Datteln enthält. Zwei Betriebe stellen in Aubel die klebrige Köstlichkeit her, darüber hinaus auch noch Konfitüren sowie feinen Apfelsaft.

Meine erste Begegnung mit dem *Sirop de Liège* kam eher unerwartet zustande. Ich war eben nach Belgien gezogen und erkundete die Einkaufsmöglichkeiten im Ort. Dass man bei einer solchen Runde auch beim Bäcker landet, ist kein Wunder. Und der hatte auf seiner Theke eine kleine Käseglocke stehen, unter der sich eine weitere, kleinere Käseglocke befand, und unter dieser lagen drei oder vier, in schlichtes Papier eingepackte, würfelförmige Käse. Dieser merkwürdige Aufbau von Käseglocke unter Käseglocke erweckte mein Interesse, und so wollte ich einen der kleinen Klötze kaufen. Der sich beim Lüften der Glasdeckel entfaltende Duft ließ mich den Kauf schlagartig noch einmal überdenken. Nun war klar, warum gleich zwei Käseglocken die Außenwelt vor dem Käse schützten.

Mir fällt beim besten Willen keine Metapher ein, mit der ich diesen Hautgout beschreiben könnte, ohne dass Sie das Buch empört zuschlagen würden. Falls Sie den Herver Käse kennen, wissen Sie, wovon ich spreche, ansonsten lassen Sie einfach Ihrer Fantasie freien Lauf. Die Verkäuferin sah mir natürlich an, dass mein Kaufwunsch auf der Kippe stand und war klug genug, mir nicht etwa Bedenkzeit zu gewähren; sie griff stattdessen zu einem blaugrünen Topf und stellte ihn mit den Worten: „Das müssen Sie dazu essen!", zum Käse. Nach Atem ringend, hatte ich gar keine Luft, um noch zu widersprechen, und so brachte ich denn einen schönen, reifen Herver Käse samt einem Pott *Sirop de Liège* heim.

Und in der Tat – beides zusammen auf einer Scheibe Brot ist eine Delikatesse, von denen es nicht viele gibt. Zu einem schmeckt selbst ein extrem reifer Herve lange nicht so intensiv, wie er riecht, und das süße Kraut, großzügig darauf verstrichen, setzt den Akzent, durch welchen ein schlichtes Käsebrot zu einem von Bescheidenheit bei den Zutaten – nur Brot, Käse und Kraut – geprägten kulinarischen Hochgenuss wird. Daher findet man in vielen Geschäften der Region oft beides schon zusammen verpackt im Angebot.

Herver Käse, auch *Limbourger* genannt, gibt es in unterschiedlichen Qualitäten bzw. Reifegraden, und wer sich dem Produkt nur vorsichtig nähern möchte, findet überaus dezente Vertreter ihrer Art, die mit der Aufschrift „zacht" für sich einnehmen möchten. Rasch wird der Genießer, so er denn offenen Herzens und Magens ist, sich dann anspruchsvolleren Herausforderungen stellen. Die höheren Weihen erlangt man schließlich, wenn man sich Herver Käse vom Bauernhof widmet, denn er wird nicht nur in mehr industriell ausgerichteten Käsereien wie der „Herve Société" produziert, sondern auch in kleinen bäuerlichen Betrieben, deren Adressen manchmal gar nicht so einfach zu bekommen sind.

Ein Tipp: Der Markt in Aubel kann auch in Sachen Käse weiterhelfen. Und noch ein guter Rat: Sind Sie dem Herve einmal verfallen – essen Sie ihn oft und reichlich, ob mit oder ohne *Sirop de Liège*, nur nicht gerade – und diesen Rat sollten Sie wirklich beherzigen – als Reiseverpflegung während einer Eisenbahn- oder Busfahrt. Es sei denn, Sie sind der einzige Fahrgast.

Im Kapitel über die alte Stadt Limbourg (Teil 5) finden Sie noch etwas mehr über den Käse.

Im Zentrum von Aubel findet man, gleich neben dem freundlichen Tourismusbüro, einen schönen, altmodischen Laden, *Stassen Vin et Cie*, der, neben einer imposanten Auswahl an Weinen, eigenem Apfelcidre, vielen regionalen Produkten sowie Spirituosen, auch zahlreiche belgische Biere (sowie die jeweils passenden Gläser) anbietet. Eines dieser Biere wird in kaum fünf Minuten Entfernung (Fahrtzeit) gebraut: das **Val Dieu**.

Lassen Sie sich ruhig etwas Zeit für einen Bummel durch Aubel. Zahlreiche Gebäude im Dorfkern sind im Stil Louis XIV, XV und XVI erbaut und sorgsam restauriert. Besonders pittoresk ist das Restaurant *Vieux Aubel* (Ortskern, Route de Battice). Auf dem gegenüberliegenden Friedhof findet man Grabsteine aus dem 16. Jahrhundert. Einmal jährlich findet ein Künstlermarkt am jeweils ersten Wochenende im September statt. Ende Juli gibt es einen Straßenflohmarkt.

Alle Infos über die gesamte Region und mögliche Aktivitäten erhält man im Bureau de Tourisme gleich neben der Weinhandlung *Stassen* und auf der Website

» www. aubel.be

Wenn wir uns nun gleich von Aubel aus nach **Val Dieu** aufmachen, halten wir unterwegs noch an einem außergewöhnlichen Ort an. Folgen Sie vom zentralen Platz in Aubel, wo auch der Markt stattfindet, dem nach links weisenden Hinweisschild Richtung Val Dieu. Achtung, der Asphalt ist mal wieder ... aber das kennen Sie ja jetzt schon. Sie kommen an eine Kreuzung, an der es rechts in den Weiler **Saint-Jean-Sart** geht. Folgen Sie der Straße, die ein Stück weiter eine scharfe Haarnadelkurve macht. Zwischen schmucken Einfamilienhäusern geht es bergan, bald ist Saint-Jean-Sart zu Ende.

Der Aussichtspunkt bei Saint-Jean-Sart

Sie folgen der Straße, bis Sie eine Art Andachtsplatz mit einer weißen Statue vor einer Mauer sehen. Hier biegen Sie nun nach links ab. Fahren Sie ein Stück, bis Sie eine rechts der Straße stehende Thujahecke passiert haben. Kurz dahinter sehen Sie ebenfalls rechts einen braunen Wegweiser. Gegenüber sehen Sie links ein quer zur Straße stehendes Haus aus roten Backsteinen und davor einen Weg. Biegen Sie in diesen ein und schauen Sie, wo Sie das Auto stehen lassen können. (Wenn Sie zu Fuß sind oder per Rad, können Sie den letzten Punkt überspringen.) Gehen Sie nun ein kleines Stück diesen Weg entlang, bis Sie rechts eine Art Holztafel sehen. Betreten Sie die Wiese dahinter und gehen Sie bis zu dem Monument, das Sie 100 m weiter sehen.

Auf dem Terrain eines militärischen Beobachtungspostens wurde hier eine Orientierungsplatte installiert. Sie erklärt den grandiosen Weitblick, den man von hier oben über die Landschaft hat. Diese Tafel ist nicht flach und bedruckt, sondern plastisch dem Gelände nachempfunden, über das man blickt. Sie soll auch Sehbehinderten die Möglichkeit geben, die Landschaft zu erfassen. Allemal lohnend ist der kleine Abstecher zum Aussichtspunkt natürlich bei klarem Wetter, denn von hier oben ist der Blick wirklich beeindruckend.

Kehren Sie zurück bis dort, wo Sie von der Straße nach Val Dieu abgebogen sind. Wenn Sie sich nun rechts halten, sind Sie wenige Augenblicke später an der Abtei.

VAL DIEU (6)

Das Tal der Berwinne, ein kleiner Fluss nahe Aubel, war im 13. Jahrhundert offenbar eine ziemlich üble Gegend, kein Wunder daher, dass die Menschen der Region es **Vallée du Diable, Teufelstal**, nannten. Wer und was sich damals dort herumtrieb, ist nicht überliefert; fest steht, dass Zisterziensermönche aus der Gegend von Maastricht diese Zustände nicht dulden mochten. So zogen sie dorthin, gründeten eine Abtei, nannten diese **Val Dieu** und das Tal **Val de Dieu**. Und schon hatte der Leibhaftige das Nachsehen.

Das alles dürfte damals ohne größere bürokratische Probleme möglich gewesen sein und sicherte zudem einen Logenplatz, einst im Himmel.

Die Abtei von Val Dieu

Ganz gab sich der Gehörnte nicht geschlagen, mal schickte er Feuerteufel, mal kriegerische Truppen vorbei. Einen schweren Rückschlag versetzten die Folgen der Französischen Revolution (1789) der Gemeinschaft, sodass das Kloster bis 1844 seinen frommen Betrieb ganz hatte einstellen müssen. Die Abtei in ihrem heutigen Zustand stellt eine harmonische Sammlung von Gebäuden aus 800 Jahren dar. Nur Mönche gibt es seit 2001 nicht mehr. Heute ist Val Dieu die Heimat einer christlichen Laiengemeinschaft, der es beeindruckend gelungen ist, Leben in die alten Mauern zu bringen. Wer Val Dieu besucht, wird schon an den meist vollen Parkplätzen erkennen, dass viele andere Besucher dieselbe Idee hatten.

Aber keine Angst, so etwas wie Rummel findet selbst an besuchsstarken Sonntagen im Sommer kaum statt. Und wem es im vorderen Teil des Anwesens, rund um das in einem früheren Stall eingerichtete Restaurant *Casse-Crout* (immer empfehlenswert: das Tagesgericht sowie die Wurst- und Käseplatten) dennoch zu lebendig zugeht, dem sei der etwas versteckt liegende Park der Abtei empfohlen, denn dort herrscht immer ländliche Ruhe. Man findet den Park, wenn man am Ende des Klosterinnenhofs rechts durch ein Tor geht, kurz dahinter einen Haken nach links schlägt und dem Weg noch einige Schritte folgt.

Auf den wenigen Metern bis zum Park kommen Sie an einem kleinen Gebäude vorbei, dessen Fassade meist von Paletten voller Flaschen und Fässern verdeckt wird. Gehen Sie nicht achtlos daran vorbei, denn Sie stehen vor der Brauerei von Val Dieu, in der mehrere sehr leckere Biere auf der Grundlage von alten Rezepten gebraut werden; echtes obergäriges Abteibier, nicht pasteurisiert, ohne Schnickschnack, urtümlich, ohne Zusätze. Wiederaufgenommen wurde die alte, klösterliche Tradition des Brauens noch von den Mönchen um 1997, heute, o tempores, o mores! wird die Produktion von einer Frau geleitet.

Die Brauerei von Val Dieu

Die junge Braumeisterin Virginie Harzé leitet das siebenköpfige Team, das pro Jahr 900.000 l Bier produziert. Bisher – Virginie Harzé hat allerlei Ideen und Pläne, wie sie das bisherige Angebot der Brauerei, bestehend aus vier regulären Sorten sowie dem nur im Winter erhältlichen Weihnachtsbier, erweitern kann. Mein ganz persönlicher Favorit ist das außergewöhnliche Grand Cru mit immerhin 10,5 % Alkohol, das es lange Zeit nur ab und an einmal gab, inzwischen aber wohl durchgehend produziert wird. Dieses schwere, fast dickflüssige Bier ist vor allem in der kalten Jahreszeit ein echter Genuss und passt zu einem anspruchsvollen Essen ebenso gut, wie es ein großer Wein täte.

Über das Jahr finden in Val Dieu immer wieder Veranstaltungen statt, darunter Führungen, Kunstausstellungen und ein Weihnachtsmarkt. Im Klosterladen kann man religiöse Devotionalien ebenso wie regionale Produkte kaufen, darunter natürlich auch Bier, dieses wird allerdings mit einem gewissen Touristenaufschlag verkauft und ist in den Geschäften der Umgebung um einiges preiswerter zu bekommen. Aber wenn man schon mal da ist ...

Die Website von Val Dieu enthält eine Vielzahl an Informationen für einen ebenso genuss- wie besinnungsreichen Besuch der alten Abtei, die heute mitten im Leben steht. Wenn Sie es zeitlich ermöglichen können, fahren Sie an einem Wochentag hin.
» www.abbaye-du-val-dieu.be

Gleich gegenüber der Abtei wurde 2017 in einem Trakt der zum Kloster gehörenden Mühle eine stilvolle Brasserie (wieder)eröffnet. Auf zwei Etagen sitzt man dort inmitten einer kompletten hölzernen Mühleneinrichtung und kann sich an regionalen Leckereien laben.

Betreiber sind Vater und Sohn Léon Stassen, Urgesteine im gastronomischen Leben des Herver Landes. Le Moulin du Val-Dieu ist von Mittwoch bis Sonntag geöffnet, und einen Vorgeschmack kann man auf der – leider nur auf Französisch verfügbaren – Website gewinnen.
» www.moulinduvaldieu.be/

NACHGEHAKT: WAS IST DENN NUN ABTEIBIER?

Orval – das herbe Trappistenbier aus der Abtei Orval im Süden der Ardennen

Val Dieu wirbt für seine Biere mit dem Slogan „*La Val-Dieu est la seule bière d'abbaye, en Belgique, à avoir toujours été brassée au sein d'une abbaye!*" „Das einzige belgische Abteibier, das in einer Abtei gebraut wird." Das klingt ziemlich vollmundig und lässt wohl manchen stutzen, der, ohne zu zögern, eine ganze Palette belgischer Klosterbiere aufzählen kann. Was ist mit Leffe? Mit Maredsous, mit Orval, mit Rochefort? Um nur mal einige zu nennen.

Ein wenig spitzfindig ist der Spruch von Val Dieu schon, aber geschwindelt ist es dann auch wieder nicht – wie könnte man als fromme Gemeinschaft auch die Kunden belügen? Klären wir die Sache also auf, am Beispiel Maredsous. Es gibt in der Nähe von Namur eine Abtei mit dem Namen Maredsous.

Auch gibt es ein Bier dieses Namens. Das aber wird von der Brauerei Duvel nahe Antwerpen gebraut. Die Abtei gibt ihren Namen, profitiert finanziell davon und verwendet einen Teil der Einnahmen für karitative Zwecke.

Nicht anders verhält es sich mit dem bekannten Leffe-Bier. Das wird nicht in der Abtei Notre-Dame de Leffe nahe Dinant gebraut, sondern von einer Großbrauerei in Leuven, und die ist ganz schön weit weg von Dinant. Grimbergen ist eine weitere Abtei, unter deren Namen Bier gebraut wird, aber auch hier ist der Hersteller eine Großbrauerei. Und so ist es bei den anderen Abteibieren ebenso, bis, ja, bis auf Val Dieu. Denn es stimmt tatsächlich: Die Biere des Klosters werden auf dessen Grund und Boden gebraut. Wenn es auch, im Gegensatz zu Leffe, Maredsous oder Grimbergen, in Val Dieu keine Mönche mehr gibt. Irgendwas ist ja immer.

Nahezu alle belgischen Biere haben ein eigenes Glas, so natürlich auch das Trappistenbier aus Rochefort.

„Aaaber ...", so höre ich den Bierkenner, „was ist denn dann mit Rochefort? Mit Orval, Westmalle oder Chimay? Die werden doch wirklich in den Klöstern gebraut!" In der Tat. Und doch liegt hier wieder ein Spezialfall vor. Diese Biere sind, zusammen mit denen aus Achel und Westvleteren, zunächst einmal ebenfalls Abteibiere, erfüllen aber noch ein ganz spezielles Kriterium: Der gesamte Produktionsprozess wird innerhalb des Klosters ausgeführt, und das von den Mönchen direkt oder unter ihrer unmittelbaren Aufsicht. Und noch etwas ist unabdingbar: Der erzielte Reinerlös muss für karitative Zwecke sowie die Erhaltung der Abtei verwendet werden.

Nur 10 Brauereien weltweit dürfen das Trappistenlogo tragen, sechs davon in Belgien. Diese Biere sind ganz besonders edle Getränke, nicht selten übersteigt die Nachfrage die tatsächliche Produktion, und die Westvleteren-Biere können nur, nach einer komplizierten Prozedur, im Kloster selbst erworben werden. Das *Westvleteren 12*, nur manchmal verfügbar, gilt unter Bierkennern als das weltbeste Bier überhaupt. Was keineswegs besagt, dass alle anderen nichts taugen. Ganz im Gegenteil.

CLERMONT, EIN ARTIGES DÖRFCHEN (9)

So nennt Georg Forster in seinen Reisebeschreibungen den winzigen Ort, den er wahrscheinlich von der Höhe aus gesehen hat, über die heute die N 3, auch *Chaussée Charlemagne* genannt, zwischen Henri-Chapelle und Battice verläuft. Dieser Höhenzug bietet stellenweise großartige Fernblicke, nach Nordwesten bis Maastricht und darüber hinaus, nach Süden bis zu den gut erkennbaren Moorflächen des Hohen Venns. **Clermont** ist eins der schönsten Dörfer der Wallonie, was nicht meine Einschätzung darstellt, sondern ein offiziell verliehener Titel ist. Der zentrale Place de la Halle ist ein makelloses Ensemble von Häusern aus unterschiedlichen Epochen. Abgerundet wird das Ganze von dem pittoresken Rathaus von 1888, das man quer über die Straße baute und mit einem Torbogen versah, durch den auch heute noch der – ohnehin spärliche – Verkehr fließt.

Clermont, Rathaus

Die Kirche von Clermont wirkt vor allem daher so mächtig, weil sie auf einem Felsen erbaut ist. Man kann an der Anlage erkennen, dass es sich früher einmal um einen Wehrbau gehandelt haben muss, in dem die Bevölkerung des Dorfes Schutz suchen konnte. Wenn Sie auf dem Place de la Halle vor der Kirche stehen und dann links an ihr entlanggehen, sehe Sie kurz darauf die Reste des einstigen **Schlosses von Clermont**, von dem nur noch das eindrucksvolle Portal übrig geblieben ist.

In Clermont lädt zwischen Kirche und Rathaus ein Café ein, auf dessen Terrasse Sie sitzen können und dabei das makellose Bild des Platzes vor Ihnen bestaunen können. Kein Wunder, dass das Dorf zu den schönsten der Wallonie gehört.

In direkter Umgebung von Clermont gibt es zwei weitere Sehenswürdigkeiten. Das **Schloss von Crawhez** ist ein besonders prachtvolles Anwesen aus

Im Dorfzentrum von Clermont

dem 16. Jahrhundert mit einer interessanten Architektur. Umgeben ist das Gebäude, dem auch teils moderne Stilelemente beigefügt wurden, von einer prächtigen Parkanlage. Das darin bis vor einiger Zeit zu findende Hotel-Restaurant ist nicht mehr, auch wenn Sie im Internet möglicherweise noch andere Informationen finden können. Das schnellste Medium der Welt hinkt in Wahrheit ziemlich hinter den Fakten her.

Einen Blick auf das Schloss sollten Sie trotzdem ruhig werfen, es ist kaum zwei Minuten von Clermont entfernt. Fahren Sie durch den Torbogen des Rathauses und folgen der Straße einige hundert Meter, bis zu einer Kreuzung. An dieser biegen Sie rechts ab, eventuell existiert auch im kommenden Jahr noch das Hinweisschild zum Restaurant. Nun der schnurgeraden Straße nach. Achten Sie auf eine von rechts mündende Straße, die nur für Anlieger frei ist, in diese werden Sie nachher einbiegen, falls ...

Die Relikte des Schlosses Clermont

Doch erst noch weiter. Die Straße bleibt weiterhin schnurgerade. Wo sie leicht ansteigt, sehen Sie rechts den gepflegten Park, und wenige Meter später das Château. Vielleicht hat sich ja bis zum Erscheinen des Buchs wieder etwas darin etabliert.

Kehren Sie nach Ihrem Blick auf Crawhez wieder um, und biegen Sie in die nun links liegende Seitenstraße ein. Eigentlich ist die ja nur für Anlieger frei, aber Sie haben ein Anliegen! Sie wollen nämlich das private **Remember Museum 39-45** besuchen. Draußen sehen Sie einen Panzer stehen sowie

Château Crawhez aus dem 16. Jahrhundert

auch einige weitere Kriegsrelikte. Mathilde und Marcel Schmetz haben das Museum 1994 gegründet und ausgestattet. Sie sind stolz darauf, dass sie die Geschichte jedes einzelnen Ausstellungsstücks kennen. Die Schmetz sind bis heute mit hunderten Familien in Amerika in Kontakt, Familien von Soldaten, die einst in Belgien ihr Leben ließen.

Draußen vor dem Remember Museum 39-45

Das Museum ist regelmäßig an jedem ersten Sonntag eines Monats geöffnet sowie auf Verabredung für Gruppen von mehr als 10 Personen. Geführte Touren gibt es auf Französisch, Flämisch, Deutsch, Englisch und Wallonisch.
» www.remembermuseum.be

Wenn Sie das Museum hinter sich lassen und weiter geradeaus fahren, kommen Sie wieder nach Clermont. Vielleicht möchten Sie von hier aus dem **Cavalier Fonck** noch einen Besuch abstatten?

Verlassen Sie den Place de la Halle in Clermont mit dem Rathaus im Rücken. Gleich am Ende des Platzes geht eine Straße nach rechts ab, der Sie folgen. Sie verlässt das Dorf und steigt danach an. Sie stoßen oben auf die N 3, in die Sie rechts einbiegen. Nach einem geraden Stück macht die Chaussee eine lang gezogene Rechtskurve, wird dann wieder gerade. Sie folgen ihr weiter, passieren eine Peugeot-Werkstatt, eine Reihe von Einfamilienhäusern und später eine große Weide direkt neben der Straße rechts, auf der Sie große und kleine Schweine sehen können, die hier nach Herzenslust ihrem

Spaß am Wühlen und Buddeln nachgehen und dabei sicher nicht wissen, wie gut sie es hier haben.

Folgen Sie der N 3 weiter, bis Sie rechts der Straße ein Schild sehen. Auf dem ist **Ardenne Bleu** zu lesen, darunter **Cavalier Fonck**. Gleich gegenüber sehen Sie ein Monument aus weißem Stein.

Im August 2014 besuchte eine große Delegation, an der Spitze der belgische König und seine Frau, dieses Denkmal. Es erinnert an den Soldaten *Antoine-Adolphe Fonck*, der das erste belgische Opfer des Ersten Weltkriegs wurde. Als über diese Chaussee, von Gemmenich her kommend, deutsche Truppen in Belgien einmarschierten, um Lüttich zu überfallen, wurden sie von Fonck bei einem Aufklärungsritt entdeckt. Der Soldat näherte sich den Deutschen, um noch besser erkennen zu können, was da vor sich ging. Man sah und verfolgte ihn, und im Verlauf dessen wurde er getötet. Ein junger Mann von 21 Jahren, und zumindest in Belgien unsterblich.

Das Denkmal für Cavalier Antoine-Adolphe Fonck

ABSTECHER RINGSUM: VON SOUMAGNE ÜBER DIE WESER BIS NACH THEUX

Unbedingt erwähnt werden müssen einige Orte und Sehenswürdigkeiten am Rande des Herver Landes und des Hohen Venns. Sie liegen nur knapp jenseits der von mir gemachten thematischen Grenze, sollen aber dennoch nicht unerwähnt bleiben.

Schloss Wégimont

In **Soumagne**, wenige Kilometer südwestlich von Herve, liegt das sorgfältig restaurierte **Schloss Wégimont** in einem baum- und blumenreichen Park von 22 ha. Umgeben ist das Provinzgut von Sportplätzen, einem Arboretum, großen und kleinen Grillplätzen, einem Spielplatz und Schwimmbädern. Im Sommer kann es hier ganz schön hoch hergehen, im Winter sind dagegen stille Spaziergänge im Park möglich. Auch ist das Gebäude, wenn auch nur von außen, sehenswert.

» www.provincedeliege.be/wegimont

SOIRON (16)

Schloss Soiron

Soiron ist ein hübsches Dorf, das zu Pepinster gehört, einer kleinen Stadt im Wesertal. Alte Häuser im Stil der maasländischen Renaissance bilden den Ortskern. Wegen des so geschlossenen Ensembles an Bauten wurde Soiron in die Liste der schönsten Dörfer Walloniens aufgenommen, zu denen auch Clermont gehört. Inmitten eines Parks sieht man das **Schloss von Soiron**.

» www.soironvillage.be

OLNE (16)

Olne ist ebenfalls in der Liste der schönsten Dörfer vertreten und liegt nicht weit von Soiron entfernt. Und wie dort bestimmen schöne, alte Häuser im Stil der Maasrenaissance des 17. und 18. Jahrhunderts das Bild. Zu Olnes Umgebung gehören noch der Weiler Geliveau, Mühlen im Tal von Vaux-sous-Olne, die malerische Kirche von Saint-Hadelin, Wanderwege ins Tal des Bola, die alten Trockenlager für Disteln von Froibermont und der Teich von Hansez. Die Website von Olne ist nur auf Französisch online.

» www.olne.be

NESSONVEAUX (16)

Alles, was blieb: das Firmenschild der einst glorreichen „Imperia-Autowerke" in Nessonveaux

Imperia war eine traditionelle belgische Automarke. Im Tal der Weser, in **Nessonveaux**, liegt noch das alte Werk, in dem bis 1957 die renommierten Fahrzeuge gebaut wurden. Das Werk ist im Stil einer Burgfestung gebaut. Fahren Sie von Olne aus über die N 604 Richtung Nessonveaux. Sie überqueren im Tal die Weser und biegen an der Hauptstraße, auf die Sie stoßen, nach links Richtung Verviers ab. Folgen Sie der geraden Straße, bis sie eine weite Rechtskurve macht. Dort sehen Sie auf der rechten Seite das Backsteingebäude mit dem verwitterten Schild *Imperia* über einem Tor. Die Gebäude rechts und links daneben gehörten auch zum Werksgelände.

Ein Tipp für Enthusiasten alter Automobilgeschichte: *Imperia* hatte einen Rundkurs für Testfahrten auf den Dächern der Fertigungsanlagen angelegt, dessen Teilstücke man noch sehen kann. Dazu müssen Sie vom Werk an der Straße noch einmal ein kurzes Stück zurückfahren, bis nach etwa 250 m links eine kleinere Straße abgeht. Dieser folgen Sie bergauf; sie wird eng und macht mehrere scharfe Kurven. Auf der Höhe einiger Häuser können Sie dann ins Tal sehen und auf das Fabrikgelände schauen. Dann erkennen Sie die Reste der Piste. Ein echtes Schätzchen der europäischen Automobilgeschichte liegt vor Ihnen, und kaum jemand kennt es. Die Marke *Imperia* ist erhalten; es sollten in einem neuen Werk bei Lüttich unter diesem Namen technologisch neuartige Sportwagen gebaut werden. Im April 2016 musste Imperia Konkurs anmelden.

Wenn Sie von **Nessonveaux** aus in Richtung **Pepinster**, Verviers, fahren, sehen Sie einige Kilometer weiter hinter der Bahnlinie rechts der Straße ein kleines Schloss im Hang. Wenn Sie Lust haben und das Wetter mitspielt, halten Sie am Ende der langen Geraden, von der aus Sie das Schloss gesehen haben, an der Eisenbahnunterführung. Gehen Sie unter dieser hindurch und nähern Sie sich dem Anwesen zu Fuß. Bald stehen Sie vor einer Brücke über die Weser und dem Torhaus dieses Neuschwansteins für Gothics. Das **Château de Mazures** kann zwar im Kern auf eine viele Jahrhunderte zurückreichende Geschichte zurückblicken, ist aber heute nur mehr ein im neogotischen Stil des 19. Jahrhunderts errichtetes Gebäude voller Türmchen, Erker und allerlei bizarrer Verzierungen. Also in etwa das, was sich der kleine Mann auf der Straße unter einem Adelssitz vorstellt. Das heutige

Château de Mazures - Das restaurierte Torhaus kann man inzwischen als romantische Ferienunterkunft mieten.

Gebäude wurde 1834 auf alten Fundamenten für den Industriellen Eduard de Biolley errichtet. Als der damalige preußische König Wilhelm I. 1865 bei einer Eisenbahnreise das Schloss sah, ließ er den Zug sogleich anhalten, um sich die Baupläne zeigen zu lassen. Dem Architekten verlieh der verzückte Monarch einen hohen Orden.

Auch Sie werden ergriffen vor dem Torhaus stehen, das selbst die Planer eines Disney Parks nicht besser hinbekämen. Davor quert eine von allerlei steinernem Getier verzierte Brücke den Fluss. Im Hang sehen Sie dann auch das eigentliche Château mit seiner recht lebhaften Silhouette. Leider sagt ein Schild unten an der Brücke, dass hier Privatbesitz beginnt, also versteht es sich, dass man in gebührender Entfernung bleibt. Doch ist alleine schon das Torhaus diesen Abstecher wert.

PEPINSTER

In **Pepinster** biegt von der N 61, auf der Sie sich befinden, nach rechts die N 666 ab, ausgeschildert sind Spa, Sprimont, Theux und, auf einem braunen Schild, Banneux. Sie folgen der Straße, die zuerst die Weser und ein Stückchen weiter deren Nebenfluss Hoëgne überquert. Am Ortsende von Pepinster geht es in einigen Kurven bergauf. Unterwegs haben Sie, je nach Jahreszeit, einen schönen Talblick auf Weser und Pepinster. Später passieren Sie das links der Straße gelegene **Fort Tancrémont**, einst Teil des Verteidigungsrings um Lüttich. Das Fort gelangte zu einer gewissen Berühmtheit, weil sich seine Besatzung erst einen Tag nach der Kapitulation Belgiens, am 29. Mai 1940, ergab und so lange Widerstand leistete. Es kann besichtigt werden.

» www.fort-de-tancremont.be

TANCRÉMONT (18)

Der hoch gelegene Weiler **Tancrémont** bietet weite Blicke in die Täler und Höhen der Umgebung, sodass sich auch aus diesem Grund ein Ausflug dorthin empfiehlt. Für Schlemmer ist Tancrémont ein Pflichtziel. Denn hier kann man gleich bei mehreren Bäckern sensationelle Kuchen, Torten und Fläden bekommen. Deren Durchmesser entspricht etwa dem der guten alten Langspielplatte plus x, und gefüllt oder belegt sind sie mit Obst wie Äpfeln, Erd- und Waldbeeren sowie je nach Jahreszeit erhältlichen Früchten. Auch Reisfläden und Quarktorten sind im Sortiment. Wenn man erst einmal vor der Auswahl steht, hat man ein echtes Problem. Zum Glück kann man auch einzelne Stücke kaufen. Mein Geheimtipp: Das dunkle Baguette in der Konditorei *Le Péche Mignon* schmeckt sensationell gut. Achtung: Donnerstag ist Ruhetag.

» www.pechemignon.be

BANNEUX (17)

Kurz hinter Tancrémont biegt vor einem Wäldchen links eine schmale Straße ab, hier können Sie anhalten und eine kurze Rast einlegen und dabei Ihre Blicke über die sich bietenden Weiten schweifen lassen. So stärken Sie sich

Wo das Wunder geschah: der Wallfahrtsort Banneux.

auch seelisch für die nächste Station: den Wallfahrtsort **Banneux**. Hier sei zwischen dem 15. Januar und dem 2. März 1933 die Jungfrau Maria einem damals 11-jährigen Mädchen erschienen, so die Legende. Warum die Mutter des Grundgütigen stets Kindern auf dem Land erscheint – ich weiß es nicht. Dass sie vor allem *Kindern* erscheint, ist mir hingegen klug durchdacht. Kinder können schwer etwas für sich behalten; das Ergebnis dieser Eigenschaft kann man in Banneux besichtigen. Ein Parkplatz von der Größe des Saarlands, eine gastronomische Zeile wie auf Mallorca, Geschäfte mit religiösem Kitsch jenseits aller Fantasien, ein großer Park mit Quelle, Gebetsmöglichkeiten und Kerzenverkaufsständen. Kurz, das volle Programm, ein Lourdes im Kleinen.

Meine fromme Tante Klärchen nahm mich einmal dorthin mit, als ich noch klein war und meine erste Brille brauchte. Leider hat das Wasser aus der heiligen Quelle nicht geholfen, die Gläser wurden immer stärker und dann kam später noch eine Lesebrille dazu ... so, als seien meine Augen nie mit dem mildtätigen Wasser genetzt worden. Die Optiker des Landes werden froh sein, dass das eben nicht so einfach geht, wie die Pilgerstromerzeuger in Banneux und ähnlichen Stätten den Anzulockenden versprechen.

Trotz berechtigter Zweifel mochte ich den Besuch von Banneux, es ist dort ein wenig wie in einem Freizeitpark für Senioren. Nur schauen Sie sich nicht allzu intensiv die religiösen Statuen und Paraphernalien in den Läden an; Ihre Augen könnten Schaden nehmen. Und, wie ich erwähnte, das Wasser aus der Quelle heilt nicht sehr zuverlässig.
» www.banneux-nd.be

THEUX (18)

Von Banneux aus sind es nur wenige Kilometer bis **Theux**, einem Städtchen im Tal der Hoëgne, mit hübschem historischen Marktplatz und vielen alten Häusern. Hier lässt sich vortrefflich rasten und die Atmosphäre eines solchen Ortes erleben. Die Hoëgne entspringt im Polleurvenn bei Mont Rigi im Hohen Venn, wo sie Polleurbach heißt.
» www.theux.be

Die Burgruine Franchimont

Oberhalb von Theux befindet sich die Burgruine **Franchimont**. Die sollten Sie, so Sie sich für alte Gemäuer interessieren, unbedingt besuchen. Es gibt ein kleines Museum; ein Audioguide, auch in deutscher Sprache, erzählt Ihnen die Geschichte der Festung und erklärt die Exponate. Für Besucher mit Kindern ist Franchimont, inmitten herrlicher Landschaft gelegen, ein Muss. Ritterrüstungen und -waffen in Kindergröße erhalten Sie im Kassenbereich des Museums.

Im Inneren der Burg Franchimont

Die Burg von Franchimont wurde im 11. Jahrhundert auf einem Felsvorsprung erbaut, der das Tal der Hoëgne versperrt. Ursprünglich eine uneinnehmbare Festung, musste sich Franchimont über Jahrhunderte immer wieder neu erfinden. Zwangsläufig, muss man sagen. Denn was in einer Epoche noch der letzte Stand der Dinge in Sachen Verteidigung war, zählte in einer folgenden plötzlich nichts mehr. Die Entwicklung der Kriegstechnik machte vieles obsolet. Was blieb den Burgbesitzern übrig, als sich dem anzupassen? Doch kaum hatten sie die Mauern verstärkt und erhöht, stand plötzlich wieder ein Feind vor der Türe, dem das nur ein müdes Lächeln abringen konnte. Mich hätte dieses Spiel, wäre ich damals Burgherr gewesen, auf die Dauer doch ziemlich frustriert.

Außer dem Museum kann man die Ruine von innen und außen besichtigen; besonders eindrucksvoll sind die erhaltenen Kasematten mit ihren unterirdischen Gängen. Ein Tipp für alle, die ein echt mittelalterliches Gelage veranstalten wollen: Den Wachsaal kann man mieten. Aber schön gesittet bleiben, Banneux ist nicht weit entfernt.
» www.chateau-franchimont.be

Von Franchimont sind es nur wenige Minuten bis **Spa**. Diesem Ort ist ein eigenes Kapitel gewidmet.

„HI, I'M BURT!" (7)

Ob sich daran noch jemand erinnert in unserer schnelllebigen Zeit? Es mag gut 30 Jahre her sein, da eröffnete in Kelmis auf der Lütticher Straße ein winziger Hamburgerimbiss. Der Betreiber war ein freundlicher älterer Herr mit einer Schiffchenmütze auf dem Kopf und einem Button an der stets penibel sauberen weißen Latzhose, die er als Berufskleidung trug. Der Button sah sehr amerikanisch aus, denn er war in Weiß-Rot-Blau gehalten. Und man konnte darauf lesen: „Hi, I'm Burt!"

Auch Burt, das konnte man sofort heraushören, war Amerikaner, und das „Burt" klang bei ihm wie ein nasal gesprochenes „Böhhhh". Ein Hamburgerladen, in dem es echte, vor den Augen des Gastes handgemachte Fleischklopse gab, zubereitet von einem Fachmann aus Amerika – dafür ließ ich gerne ab und an eine Frittentüte beim Mittbewerber stehen. Burt war ausgesprochen kommunikativ, was die Zubereitung eines bestellten Hamburgers auch schon mal in die Länge ziehen konnte. Natürlich interessierte mich brennend, was einen US-Amerikaner ausgerechnet nach Kelmis verschlagen hatte. Ganz neu war so ein Lebensweg zwar nicht. Da gab es zum Beispiel den US-GI Joe Napoli, über den man auf der Website des Saxophonisten Cannonball Adderley diese schönen Sätze lesen kann:

Ein schlammbespritzter Soldat aus Brooklyn (USA) wanderte, spät im Dezember 1944, durch die kleine Stadt Comblain-La-Tour in Belgien. Ein Dorf, mit weniger als 1.000 Einwohnern und durch Bomben und Artillerie zerstört. Nur eine Handvoll Leute war dort, um sie zu kontrollieren. Joe Napoli aus Brooklyn hatte einfach nur Heimweh; außerdem war es nass, kalt und überhaupt reichlich miserabel. Joe wollte die Schlacht in den Ardennen für ein paar Stunden vergessen. Er wollte sich einfach mal mit jemandem, der keine Uniform trug und nicht pausenlos über „töten oder getötet werden" redete, unterhalten; mit jemandem, der ihn für kurze Zeit davon ablenken konnte, dass Von Rundstedt gestoppt werden musste. Mit Joes Beteiligung.

An diesem kalten, nebligen Tag in Comblain-La-Tour wurde Joes Wunsch erfüllt. Der erste Mann, den er traf, sagte einfach: „Wollen Sie etwas Heißes trinken? Oder Ihre Füße wärmen?" Es war der erste echt freundliche Mensch, dem Joe in einer langen Zeit begegnet war. Alles, was er tun konnte, war nicken. Der Mann führte ihn in eines der wenigen Häuser, die nicht von den Bomben zerstört worden waren. Gleich hinter dem Haus war eine große Küche, wo glänzende Töpfe hingen, und ein glühender Ofen gab eine wunderbare Wärme. Es war für kurze Zeit so, als ob es den Krieg nie gegeben habe. Drinnen lernte Joe ein halbes Dutzend Leute kennen, die über ihre Wiesen und Felder sprachen und über die Predigt des Pfarrers am vergangenen Sonntag. Joe war überwältigt. „Sie nahmen mich auf wie einen der Ihrigen", erzählte Joe später. „Sie stopften mich mit Essen voll und gaben mir einen Platz am Ofen und plötzlich hatte ich kein Heimweh mehr. Mann, es war wunderbar!"

Joe Napoli kam Ende der 1950er-Jahre wieder nach Comblain-la-Tour, um diesen für ihn so wichtigen Ort noch einmal zu besuchen. Dort bekam er mit, dass es ein ernstes Problem gab: Zwar war Comblain wieder aufgebaut, aber es fehlte Geld für die komplette Instandsetzung der Kirche. Joe Napoli, der nach dem Krieg ein erfolgreicher Manager im Musikbusiness geworden war, entwickelte eine verrückte Idee. Hier, mitten im Nichts, weitab von jeder großen Stadt, begann er mit der Organisation eines Jazzfestivals, das Geld in die klamme Kasse des Ortes bringen sollte. Zusammen mit zwei örtlichen Organisationsgenies ging er die Sache an, und ganz Comblain-la-Tour, vom Schwung des verrückten Amis mitgerissen, machte mit. Der Bürgermeister, der Pfarrer, der Postchef und die Schuldirektorin kümmerten sich persönlich darum, dass das Dorf wie aus dem Ei gepellt aussah. Und am Tag des Festivals kamen unglaubliche 8.000 Zuschauer und erlebten Musiker wie den Pianisten Romano Mussolini, das George-Gruntz-Trio, die Sängerin Lilian Terry und den deutschen Saxophon- und Klarinettenstar Rolf Kühn.

Fast 8.000 Gräber befinden sich auf dem amerikanischen Soldatenfriedhof bei Henri-Chapelle.

In den folgenden Jahren wurde das Festival immer größer und berühmter. Joe Napolis Plan war aufgegangen. Und nach langer Unterbrechung wurde es seit 2009 wieder einige Jahre lang veranstaltet. Dann ging das Geld aus.

Zurück zu Burt. Der konnte altersmäßig kaum ein Veteran der Ardennenoffensive sein. Aber es hatte tatsächlich mit dem Militär zu tun, dass es ihn nach Kelmis verschlug. Burt war nämlich bis zum Eintritt seines Ruhestands für den amerikanischen Militärfriedhof zwischen den nahe gelegenen Gemeinden Henri-Chapelle und Hombourg zuständig. Und weil es ihm in Belgien gut gefiel und er fit und aufgeschlossen war, eröffnete er seinen Hamburgerimbiss.

Der Eingang zum Soldatenfriedhof an einem Tag im Spätherbst

Den gibt es schon lange nicht mehr, und Burt, der freundliche Ami mit den leckeren Burgern, dürfte inzwischen selbst unter der Erde ruhen. Der *amerikanische Soldatenfriedhof mit Gedenkstätte in Henri-Chapelle* aber wird seit seiner Gründung im September 1944 in Ehren gehalten. 7.992 gefallene amerikanische Soldaten liegen hier begraben, außerdem wird der 450 amerikanischen Vermissten gedacht. Sie alle wurden Opfer des Vorstoßes der 1. US-Armee durch Nordfrankreich und des Kampfs um Aachen sowie der Gefechte im Hürtgenwald. Man darf durchaus annehmen, dass auch Kameraden von Joe Napoli hier begraben sind. Seit 1960 ist der Friedhof monumental gestaltet durch eine Ehrenhalle sowie weitere Gedenkstätten, darunter auch ein Museum. Viele der Gräber werden von belgischen Familien aus den umliegenden Orten gepflegt. Wenigstens so kann man bis heute den Dank für die Befreiung von der Naziherrschaft 1944 zum Ausdruck bringen.

Zum Friedhof gehört eine Terrasse, von der aus man weit ins Herver Land schauen kann. Je nach Wetter und Jahreszeit bieten sich hier manchmal spektakuläre Ausblicke. Die Terrasse gehört nicht nur zu meinen Lieblingsorten, auch andere Menschen schätzen sie. Gerade gegen Abend finden sich immer ein paar Leute ein, die den Ausblick und die Stimmung vor Ort genießen. Biker, junge Paare, Radler, Fotofreunde und andere Menschen, die die Ruhe des Ortes in sich aufnehmen wollen, während die Sonne langsam untergeht. Einmal sah ich eine junge Frau, die auf der niedrigen Mauer zwischen Terrasse und Abhang saß und dabei Yogaübungen machte. Vor der roten Abendsonne ein fast mystischer Anblick.

Der amerikanische Soldatenfriedhof ist leicht zu finden. Aus Richtung Aachen, über die N 3 kommend, fahren Sie durch Henri-Chapelle, bis Sie kurz hinter dem Zentrum (Platz mit Bäumen und einigen alten Häusern) nach rechts in eine Straße einbiegen (Beschilderung: Maastricht, Visé). Folgen Sie dieser Straße, die quer durch das Gelände des Friedhofs führt, den Sie also gar nicht verfehlen können.

Wenn Sie stattdessen von der Autobahn E 40 aus Richtung Deutschland kommen, fahren Sie bis zur Ausfahrt 38 B (Henri-Chapelle, Welkenraedt, Lontzen) und folgen der Straße ca. 2 km, bis Sie an einen Kreisverkehr kommen. Hier nehmen Sie die zweite Abfahrt (links) und sind nun auf der N 3, die bergauf nach Henri-Chapelle führt. Der weitere Weg ist wie oben beschrieben.

Eine ausführliche Broschüre zum Friedhof finden Sie unter dieser Webadresse:

» www.abmc.gov/sites/default/files/publications/Henri-Chapelle_Booklet.pdf

Nicht weit von Henri-Chapelle entfernt liegt das Fort von Neufchâteau, vor dem ein amerikanischer Panzer seine letzte Ruhestätte gefunden hat.

Vor 1914 spielten die Grenzen in den Köpfen und in der Praxis der hiesigen Menschen so gut wie keine Rolle. Arbeit wurde dort gesucht, wo es etwas zu arbeiten gab. Auch für Wallfahrten, zum Feiern, Heiraten, Wohnen, Kaufen und nicht zuletzt zum ertragreichen Schmuggeln wurde gern die Grenze überschritten. Und zumeist wurde auf allen Seiten der Grenze dieselbe Sprache benutzt: das Grenzlandplatt.

Das Jahr 1914 brachte im belgisch-deutschen Verhältnis die Zäsur. Durch Belgien brachen die deutschen Truppen auf in den Westen. Tod und Zerstörung nahmen vom ersten Kriegstag an ihren Lauf. Unter der Grenzbevölkerung sollte von da an nichts mehr sein, wie es früher einmal war.

In einem opulenten, großformatigen Werk mit weit über 600 Seiten und Hunderten von Illustrationen hat der deutsch-belgische Historiker Dr. phil. Herbert Ruland zusammengetragen, was die Region politisch und menschlich angesichts von Krieg und Neuordnung geprägt hat. Zwischen den Bildern von einrückenden deutschen Soldaten in Kelmis und deren Rückzug an gleicher Stelle erzählt das Buch fundiert von den Jahren vor, zwischen und nach den Kriegstagen 1914 – 1918.

Cover des Buches ***Der erste Weltkrieg und die Menschen im Vierländereck*** - Leben und Leiden der Bevölkerung vor, während und nach dem Krieg, erschienen im Grenz-Echo-Verlag, Eupen, ISBN 978-3-86712-119-4, 65,00 €

Am 11. November 1918 trat der Waffenstillstand zwischen Deutschland und der Entente in Kraft, am 28. Juni 1919 wurde der Versailler Vertrag unterzeichnet und am 20. September 1920 bestätigte der Völkerbund definitiv, dass die beiden Grenzkreise Eupen und Malmedy zukünftig zu Belgien gehören. Neutral-Moresnet verschwand von der politischen Landkarte. Die Menschen der Region mussten sich völlig neu orientieren, manche mussten mehrfach ihre Nationalität wechseln. Gefragt wurde niemand.

DER ERSTE WELTKRIEG UND DIE MENSCHEN IM VIERLÄNDERLAND, von Dr. Herbert Ruhland über viele Jahre recherchiert und geschrieben, ist ein Muss für jeden, der sich mit der Region verbunden fühlt und mehr über den Boden erfahren möchte, auf dem er heute lebt, wandert, spaziert oder radelt.

Teil 2

TEIL 2: VOEREN – DIE FLÄMISCHE EXKLAVE ①

Die Voerregion gehört zu Flandern. Politisch ist der aus sechs kleinen Dörfern bestehende, bäuerlich geprägte Landstrich an den flämischen Landesteil Belgiens angeschlossen, was, wie man im Kapitel über die Belgier lesen kann, zu allerlei Streitigkeiten geführt hat. **Voeren** ist eine Exklave Flanderns, ringsum ist wallonisches Gebiet. Die Querelen sind zwar in den letzten Jahren weniger geworden, unter der Oberfläche schwelt aber noch immer der Zorn. Dabei kann man sich das als Auswärtiger kaum vorstellen, so ländlich-friedlich wirkt hier alles. Man fühlt sich an vielen Stellen in Bilder altflämischer Meister zurückversetzt.

Die Dörfer der Voerregion liegen östlich der Maas, beginnend mit **Moelingen**, es folgen **s'Gravenvoeren, Sint-Martens-Voeren, Sint-Pieters-Voeren, Teuven** und **Remersdaal**. Das Gebiet erstreckt sich entlang der Grenze zu den Niederlanden zwischen der Maas im Westen und dem (nicht zu Voeren,

Landidylle wie zur Zeit Pieter Breughels d. Ä.

sondern zur Gemeinde Plombières gehörenden) Dorf Sippenaeken im Osten. Kurios: Einige Häuser in Sippenaeken rechts der Hauptstraße liegen schon in den Niederlanden.

Seit etwa 40 Jahren sind die sechs Dörfer zur Gemeinde „Voeren" vereint. Auf knappen 50 Quadratkilometern leben 4.100 Bürger.

Die Orte sind, bis auf die unvermeidlichen Neubaugebiete an ihren Rändern, ursprünglich geblieben. Allenthalben kann man romantische Fachwerkhäuser sehen; manche Bauernhöfe wirken, als sei vor vielen Jahren die Zeit dort stehen geblieben. Obst wird angebaut in diesem klimatisch begünstigten Landstrich, und sogar Weinberge kann der Besucher entdecken. Ja, belgischer Wein ist längst kein exotisches Getränk mehr. Um es genauer zu sagen: Die ersten Rebflächen wurden bereits im neunten Jahrhundert angelegt.

Die „belgische Toskana"; Weinanbau in Voeren

Im frühen Mittelalter wurde in allen klimatisch begünstigten Gebieten des heutigen Belgiens Wein angebaut, das Tal der Maas bot die besten Bedingungen. In späterer Zeit setzte sich jedoch das leichter herzustellende Bier durch. Und die angebauten Weinsorten sind weltweit bekannt und anerkannt. Der *Pietershof* in Teuven erzeugt hauptsächlich Weißweine aus klassischen Traubensorten, wie Chardonnay, Pinot Blanc, Pinot Gris und Auxerrois. In kleine Mengen erntet man auch Riesling und Pinot Noir zur Schaumweinherstellung. Weine vom *Pietershof* erringen immer wieder erstklassige Bewertungen.

Die Familie Akkermans-Janssen, die den Weinbau betreibt, vermietet auch ein komfortables Landhaus mit Sauna und Boulebahn für Feriengäste sowie Räumlichkeiten für Meetings, Seminare und andere Veranstaltungen. Und das Weingut gleich nebenan bietet Verkostungen und Besichtigungen an.
» www.pietershof.be/de

Belgisches Bier, das ist ein weithin bekannter Begriff. Aber Wein? Mit diesem Getränk verbindet man automatisch viele Länder, aber nicht das kleine Land zwischen Ostende im Westen und dem Dreiländereck NL-D-B im Osten.

Zu Unrecht. Bereits für das 9. Jahrhundert lässt sich Weinbau in Belgien nachweisen. Die Winzer waren eigentlich Mönche, die dafür sorgen wollten, dass immer genug Messwein zur Verfügung stand. Vor allem am Lauf der Maas, wo das Klima besonders günstig ist, wurden Flächen zum Weinanbau genutzt. Sie gehörten teils zur Grafschaft Namur, teils dem Fürstbistum Lüttich.

Verschiedene klimatische, wirtschaftliche und politische Gründe führten dazu, dass die Bedeutung des Weinanbaus in Belgien in späteren Jahrhunderten zurück ging. Doch seit einigen Jahren geht es wieder erkennbar aufwärts. Die Anbaufläche ist heute bereits fünfmal so groß wie vor zehn Jahren. Sie stieg von 76 Hektar im Jahr 2007 auf über 380 Hektar im letzten Jahr. 140 Betriebe, in denen Wein angebaut und hergestellt wird, gibt es inzwischen. Und die produzierte Menge liegt heute bei rund 2 Millionen Liter, etwa zu gleichen Teilen Schaumwein und Weißwein sowie 20 Prozent Rotwein. Es mag etwas euphemistisch sein, wenn die ostbelgische Voerregion, in der man besonders idyllisch gelegene Weinberge findet, als „Belgische Toskana" bezeichnet wird. Aber ganz in der Nähe, auf niederländischer Seite liegt die Limburgische Schweiz, deren höchster Gipfel 322,4 Meter misst. Dann darf man auch „Toskana" sagen, oder?

Es ist nicht der einzige Winzerbetrieb in Voeren, und es ist sehr gut möglich, dass Sie beim Reisen, außer den allgegenwärtigen Maisfeldern, Streuobstwiesen und Viehweiden, plötzlich an einem Rebenfeld vorbeikommen.

Voeren ist ein ideales Wandergebiet, kaum einmal gibt es Anstiege im Gelände, und, wenn doch, dann sind sie auch für Gelegenheitswanderer zu meistern. Viele Radfahrer sieht man. Belgien ist ja ohnehin eine traditionelle Radfahrernation, aber die verkehrsarme Voerstreek lädt besonders zum Radeln ein. In letzter Zeit haben sich auch mehrere Verleihfirmen für E-Bikes etabliert, sodass, wenn es denn doch einmal etwas mehr bergauf geht, selbst untrainierte Fahrer problemlos überall hinkommen. Nur die Straßen sind nicht überall besonders sitzfleischfreundlich.

REMERSDAAL

Remersdaal ist der am weitesten östlich gelegene Ort der Voerstreek. Das Dorf ist klein und bis auf das etwas abseits gelegene **Schloss Obsinnich** nicht besonders sehenswert. Schloss Obsinnich ist ein Gebäude von eleganter Schlichtheit und unterscheidet sich somit von anderen Châteaus der Region. Seine historischen Wurzeln reichen bis ins 13. Jahrhundert zurück, und nur zweimal wechselte es bis heute den Besitzer. Seit 1961 gehört es dem Bistum Lüttich und dient als Ferienaufenthalt für Gruppen. Der alte Name Obsinnich wurde ersetzt durch **Castel Notre Dame**.
» www.castelnotredame.be

Für Feinschmecker gibt es zwei gewichtige Gründe, um Remersdaal anzusteuern. Zum einen ist das die Imkerei *Beelicious*, in der ein ehemaliger Städter namens Willem Schelberg seinen lang gehegten Traum verwirklicht hat. Zum anderen die nur wenige Fußminuten von der Imkerei entfernte Schneckenzucht von Jacques de Bock. Dessen offizielle Berufsbezeichnung ist *Héliciculteur*, abgeleitet vom lateinischen Namen der Weinbergschnecke, *hélix pomatia*. Auch Jacques de Bock ist ein Quereinsteiger. Früher war er als Chemieingenieur tätig, doch sein Traum war es, Tiere zu züchten. Kühe,

Schafe und Schweine waren ihm aber zu groß und außerdem nicht ausgefallen genug. Es sollte ein Tier sein, das nicht jeder Bauer auf der Weide oder im Stall stehen hat. Und so kam er auf die Schnecken, von denen stets über 15.000 Exemplare unter seiner Obhut stehen. Man kann die Schneckenzucht besuchen, um vorherige Anmeldung wird aber gebeten.

» www.escargotsbelge.be

HONIG AUS VOEREN

BIENENTRÄUME

Als Willem Schelberg vor einigen Jahren in das kleine belgische Dorf **Remersdaal** zog, da ließ er seinen Job im Internetbusiness ebenso hinter sich wie die Großstadt, das niederländische Heerlen.

Der Umzug ins nur 30 km von Heerlen entfernte Landidyll bedeutete allerdings nicht einen Rückzug in den Ruhestand, sondern die Realisierung eines alten Traums: Willem wurde Imker. In Remersdaal hat er seither sein Zuhause und einen schnuckeligen Laden, die Bienenvölker hingegen bringt er je nach Jahreszeit dorthin, wo sie sich besonders nützlich machen können. So auf die großen Obstplantagen im nahen Herver Land, da sie im Frühjahr dort die Blüten bestäuben und zugleich die Rohstoffe für ihre eigenen Produkte sammeln, zu denen vor allem der Honig gehört, aber auch Wachs, Pollen, Gelée royal, Propolis und weitere Erzeugnisse, die beim Menschen seit Jahrtausenden Begehrlichkeiten wecken.

In Willem Schelbergs Laden kann man das alles bekommen, darüber hinaus auch selbst gemachten Met (Honigwein) und einige Honigspezialitäten, die der Imker über ein Netzwerk von Kollegen bezieht und die hierzulande nicht gewonnen werden können, so wie z. B. ein wunderbarer Kastanienhonig, den er von einem Kollegen in Portugal bezieht.

Sitzt man mit Willem Schelberg zusammen, merkt man schnell, dass hier jemand mit Leib und Seele am Werk ist. Er romantisiert seinen Beruf nicht, er weiß um die Notwendigkeiten einer zeitgemäßen Bienenhaltung. Dazu gehört eine vorausschauende Planung für die aktive Zeit der Bienen im Jahr. Je nach Blütezeit müssen die Völker samt ihren Behausungen umgesiedelt werden, dorthin, wo gerade die Apfelblüte, die Lindenblüte oder die Blüte der Wiesenblumen stattfindet. Die klassischen, geflochtenen Bienenkörbe sind moderneren Magazinbeuten aus Holz oder Kunststoff gewichen. Die sehen nicht so romantisch aus wie die alten Körbe, aber das ist den Bienen egal, und ihren Produkten schadet es nicht, ganz im Gegenteil, in modernen Heimen ist zum Beispiel ein Befall mit der gefährlichen Varroamilbe erfolgreicher zu bekämpfen.

Willem Schelberg, Imker aus Leidenschaft

Überhaupt, wie geht es denn den Bienen, man hört immer wieder vom globalen Bienensterben? Willem Schelberg will die Situation nicht beschönigen, aber nach seinen Erfahrungen ist alles weniger dramatisch, als die Medien glauben machen. Und so erntet er auch in diesem Jahr seinen Honig, der zum Teil in alle Welt geht, im Übrigen in der Region, auf Märkten und eben im Hofladen verkauft wird. Das wirft ein halbes Jahr lang Einkünfte ab, die für das andere halbe Jahr mitreichen müssen.

Willems Angebote enden nicht mit Herstellung und Verkauf von Honig, Wachs und weiteren Erzeugnissen seiner Völker. Er baut für Profis und Liebhaber Insektenhotels sowie Nisthilfen für die bei der Blütenbestäubung besonders fleißige Art der solitär (also nicht im Verband eines großen Volkes) lebenden Mauerbiene.

Er veranstaltet praktische Kurse in Bienenzucht, berät Gartenfreunde bei der Anlage von Bienenweiden und bringt interessierten Gruppen das Handwerk des Imkers näher. Wie läuft das eigentlich mit den Königinnen, den Arbeiterinnen und den Drohnen? Wie groß ist ein Bienenvolk? Wie wird der Honig gewonnen und was sind die für den Menschen gesundheitlich bedeutsamen Erzeugnisse Propolis, Pollen und Gelée royale? In Remersdaal kann man das alles erfahren und vielleicht sogar für eine eigene Tätigkeit als Hobbyimker motiviert werden. Keine Frage: Wer sich näher auskennt, der wird fortan Honig viel bewusster konsumieren, denn für die süße Delikatesse gilt das Gleiche, wie für andere Genüsse: Man schmeckt das, was man weiß.

Wegbeschreibung: Die *Imkerij Beelicious* liegt in Remersdaal zwischen Aubel und Teuven. Fahren Sie, wie im Kapitel über den *amerikanischen Soldatenfriedhof in Henri-Chapelle* beschrieben, lassen aber den Friedhof hinter sich und folgen der Straße weiter geradeaus, auch an einem Kreisverkehr, den Sie passieren. Unterwegs haben Sie schöne Ausblicke über das Herver Land bis hin zu den Höhenzügen des Hohen Venns. Wenig später kommen Sie an eine größere Kreuzung, an der Sie nach rechts abbiegen (N 648, Maastricht, De Plank). Gleich dahinter sehen Sie das gelbe Gemeindeschild von Remersdaal. Folgen Sie der N 648, bis nach rechts eine Straße abzweigt

(Hinweistafel Remersdaal). Diese führt bergab, und bald sehen Sie rechts den Kirchturm von Remersdaal. Hier sollten Sie parken. Gegenüber ist am kleinen Friedhof eine Straße, in dieser gehen Sie genau auf ein Haus aus roten Backsteinen zu. Sie sind angekommen. Um sicherzugehen, rufen Sie vorher an, nicht immer ist der Imker anwesend.

» www.beelicious.buzz

TEUVEN

Mein persönlicher Lieblingsort in der flämischen Exklave ist das kleine **Teuven**, das nur wenige Fahrminuten von Remersdaal entfernt ist. So winzig Teuven ist, so erstaunlich vielfältig ist die dort anzutreffende Gastronomie. An deren Spitze steht sicherlich das Hotel-Restaurant *Hof De Draeck*. Es residiert nicht nur in einem prächtigen Schlossgebäude, es bietet auch eine hochgeschätzte Küche an.

» www.hof-de-draeck.be/de

Die anderen Lokale und Restaurants sind vor allem wegen ihrer Originalität stets einen Besuch wert. Als da wären: das *Café Modern*. Diese Kneipe mit Küche ist in der ehemaligen Schule von Teuven zu finden und bietet reichlich kuriose Einrichtungsgegenstände. Die 1960er-Jahre scheinen besonders stark vertreten zu sein. Das kurioseste Teil ist ohne Zweifel eine sogenannte *Decap-Tanzorgel*, die von einem Drehorgelhersteller aus Antwerpen gebaut wurde. Natürlich spielt sie noch, von Druckluft angetrieben. Das riesige Instrument ersetzt locker ein ganzes Orchester und ist zudem ein echter Blickfang im Café. Gleich nebenan befindet sich ein Festsaal, der gerne für Feiern aller Art genutzt wird. Man kann im *Café Modern* etwas trinken, man kann aber auch prima essen.

Mein Tipp: „Zoervleisj"; hausgemacht mit Apfelkompott, Salat und – unverzichtbar in Belgien – Fritten.

» www.cafemodern.be

Café Modern. Kultkneipe für Gäste jeden Alters

Bei schönem Wetter kann man auf der Terrasse des Cafés sitzen, und wenn man quer über die schmale Dorfstraße schaut, sieht man das zweite kuriose Restaurant, es heißt *Moeder de Gans* („Mutter Gans") und ist in einem Fachwerkgehöft aus dem 18. Jahrhundert untergebracht. Dessen Gastraum ist innen so niedrig, dass es in Deutschland wohl keine Betriebserlaubnis bekäme. Ein wunderbarer Außenbereich lädt zum Verweilen ein, und das wissen inzwischen viele Leute aus nah und fern. Nicht selten, vor allem im Sommer, findet man keinen freien Platz mehr. Das Ambiente hat etwas von einem Freilichtmuseum an sich, man sitzt inmitten alter Gebäude, und lustige, plüschige Hühner laufen unbekümmert zwischen den Tischen herum, stets auf der Suche nach etwas Essbarem. Mit einer nur geringen Portion Misstrauen ausgestattet, fressen sie dem Gast selbst aus der Hand. Dem Durstigen bieten sich allein 12 Biere vom Fass sowie eine unbekannte Zahl aus Flaschen. Auch gibt es Wein und Sekt aus der direkten Umgebung. Das Essen ist erfreulich lokal geprägt, zu empfehlen ist vor allem die Kaninchenkeule mit schwarzen Pflaumen und Voerener Apfelkraut (bei der mir selbst jetzt beim Schreiben das Wasser im Munde zusammenläuft) sowie der Limburger Eintopf mit Bier und Apfelkraut.

» www.moederdegans.be

Moeder de Gans

Die dritte gastronomische Adresse im Umkreis von nur wenigen Schritten ist *The Kings Head Inn*. Dieses Hotel-Restaurant trägt seinen englischen Namen nicht aus Jux. Es wirkt tatsächlich wie eine ländliche Herberge irgendwo in England. *The Kings Head Inn* empfiehlt sich für einen mehrtägigen Aufenthalt und hat einige Arrangements zusammengestellt, je nach Interessen der Gäste. Die Website ist zwar ausführlich, aber nur auf Niederländisch. Da sollte es ja angesichts des Namens zumindest eine englische Version geben.

» www.thekingsheadinn.be

Und dann befindet sich unmittelbar neben *The Kings Head Inn* noch die *Frituur en Restaurant Bie de Buure*. Hungern muss man wahrlich nicht in Teuven.

Wenn Sie in Teuven die Dorfstraße entlangfahren, passieren Sie kurz hintereinander die drei beschriebenen Lokalitäten. Wenige Meter hinter dem *Café Modern* macht die Dorfstraße einen scharfen Knick nach links. Es geht aber auch eine sehr viel kleinere Straße nach rechts, und dieser folgen Sie. Nach ein paar Hundert kurvigen Metern durchs Grüne, sehen Sie links der Straße ein Gehöft mit einer Hecke zur Straße hin. Am Ende der Hecke können Sie links auf das Grundstück des Hofs abbiegen und hier parken.

Von Mai bis Ende Oktober ist die *Gelatofarm* in Betrieb. Besonders bei schönem Wetter sitzt man sehr entspannt auf der großen Wiese vor dem Haus, wo Hühner oder Kaninchen umherstromern.
» http://www.gelatofarm.com/

Würden Sie nun der Straße noch einige wenige Meter folgen, würden Sie, ohne es zu merken, die Grenze zu den Niederlanden überqueren. Da wir aber in Voeren bleiben wollen, nehmen Sie, gut gestärkt durch das Eis, den Weg zurück bis Teuven.

Zweihundert Meter entfernt vom gastronomisch geprägten Kern Teuvens liegt noch eine besonders urige Kneipe, die sich voll und ganz dem Biergenuss widmet und die Sie unbedingt aufsuchen sollten. Dort gibt es laut Aussage der Wirtsleute 101 Sorten Bier, natürlich alle aus Belgien. Die winzige Gaststube wartet mit so kuriosem Mobiliar wie einer Schulbank auf, die Getränkekarte sieht aus wie ein Comic-Heft, und zumindest in der warmen Jahreszeit bietet ein uriger Garten lauschige Plätze, an denen man gerne auch mehr als nur ein Bier zu sich nimmt. Hier einzukehren ist Pflicht! Sie passieren, aus Richtung Café Modern oder Moeder de Gans kommend, bergan die Kirche und folgen dem Rechtsknick der Straße, dann sehen Sie bereits rechts der Fahrbahn das **Zotte Lambiek Biercafé**. Außer flüssiger Nahrung können Sie auch feste in süßer und herzhafter Form genießen. Ein Erlebnis!

Zotte Lambiek Biercafé / Teuven-Dorp 15 / keine Webadresse

Zotte Lambiek Biercafé

DIE SECHS DÖRFER

SINT-PIETERS-VOEREN „LA COMMANDERIE“

Von Teuven aus möchte ich Sie nach **Sint-Pieters-Voeren** mitnehmen. Dieser winzige Ort mit 300 Einwohnern wartet mit einem Juwel der maasländischen Renaissance auf: Die **Kommende**, auf Französisch **„La Commanderie“**, ist ein beeindruckendes Wasserschloss vom Beginn des 17. Jahrhunderts. Es gehörte bis zur Französischen Revolution (1789) dem Deutschen Ritterorden. Man kann das Schloss nur von außen besichtigen, aber auch das lohnt die Reise dorthin. Zur Hälfte ist es umgeben von einem weiträumigen Park, in dem es sich wunderbar spazieren und ausruhen lässt. Allerlei Wasservögel sind anwesend, von vornehm tuenden Schwänen bis zu ziemlich frechen

„La Commanderie“ in Sint-Pieters-Voeren

Gänsen. Sollten Sie von der einen oder anderen angefaucht werden (das tun Gänse tatsächlich), lassen Sie sich nur nicht erschrecken. Sonst könnte es nämlich passieren, dass der Vogel Sie nicht weitergehen lässt oder gar versucht, Sie zu zwicken. Da hilft nur ein eigener Angriff.

Angriffslustig, aber nicht unbesiegbar. Gänse im Park der „Commanderie"

Gehen Sie einfach beherzt auf die Gans zu, flattern ein wenig mit den Flügeln oder schimpfen Sie lauthals. Am besten tun Sie alles gleichzeitig. Ich hatte vor zwei Jahren mehrfach mit so einem „Parkwächter" zu tun. Anfangs noch reichlich frech, floh der Vogel bei meinen späteren Besuchen, allein durch meinen Anblick getrieben, freiwillig in den Teich, über den er dann hektisch paddelte, bis er am entfernten Ufer angekommen war. Gut möglich, dass er inzwischen im Schloss einen schönen Weihnachtsbraten abgegeben hat.

Am Ende des Parks finden Sie eine schön eingefasste Quelle, die je nach Jahreszeit mehr oder weniger Wasser entlässt. Sie speist mit durchschnittlich 3.000 l pro Minute die zahlreichen Fischteiche vor und hinter dem Schloss. In diesen werden verschiedene Forellenarten gezüchtet. Und ein ganz besonderer Fisch lässt sich in den flachen Becken gut betrachten. Es ist der Stör. Hier in den Becken finden Sie einige wahrhaft große Exemplare dieses interessanten Fisches, der meist am Beckenboden vor sich hin dümpelt.

Die eingefasste Quelle der Voer

Erfreulicherweise gibt es eine Gastronomie, deren Spezialitäten vor allem Fischgerichte sind. An einem schönen Sommertag am Teichrand zu sitzen und eine leichte Mahlzeit zu sich zu nehmen, ist ein ganz besonderes Vergnügen, das Sie sich einmal gönnen sollten. Die Preise sind moderat, Sie zahlen für das Ambiente nicht mit.

Ein Tipp: Wer nur den Park besichtigen will, muss Eintritt bezahlen. Das können Sie umgehen, indem Sie am Eingang sagen, dass Sie etwas essen, trinken oder kaufen möchten (geräucherte Forellenfilets zum Beispiel). Natürlich sollten Sie das dann auch wirklich tun. Denn für das gesparte Eintrittsgeld können Sie schon etwas zu trinken oder zum Mitnehmen bekommen.

Außerhalb der Ferienzeit sind Sie im Park und in der Gaststube oft ganz alleine oder nur mit Ihrer Begleitung. Was das Erlebnis, vor den hohen Mauern des Schlosses durch den Park zu wandeln, noch eindrucksvoller macht.

Idylle pur: Sint-Pieters-Voeren

Verlassen Sie nach dem Besuch die Zufahrt zur „Commanderie", indem Sie sich an der Einmündung in die Dorfstraße nach rechts halten. Sie fahren durch eine bäuerlich geprägte Bilderbuchlandschaft, die ganz besonders zur Zeit der Obstblüte beeindruckt. Die leider sehr schlecht asphaltierte Straße steigt nach einer Weile leicht an. Fast an ihrem Ende sehen Sie links der Straße einen Park, in dem das kleine **Kasteel Magis** steht. Das ist kein Gebäude von historischer Bedeutung, es stammt vom Ende des 19. Jahrhunderts. Dennoch lohnt sich hier oben eine kurze Pause. Sie haben nämlich von dieser Höhe aus einen wunderbaren Blick über das Voergebiet. In die andere Richtung können Sie weit über das Tal der Berwinne und das Plateau von Herve bis zu den ersten Höhen des Hohen Venns schauen.

SINT-MARTINS-VOEREN

Wenn Sie hingegen von der „Commanderie" aus nach links abbiegen und sich 200 m weiter an einer Abzweigung (vor einem flachen, weißen Einfamilienhaus) ebenfalls links halten, durchfahren Sie nun die Voer in Richtung Westen. Immer wieder bieten sich herrliche Ausblicke über Wiesen und Weiden. Nachdem Sie einen kleinen Eisenbahntunnel durchfahren haben, gelangen Sie nach Sint-Martens-Voeren. In diesem Ort sind besonders viele der alten Häuser aus Feuerstein erbaut. Eine 23 m hohe Eisenbahnbrücke bestimmt das Ortsbild mit, sie ist ein Teil der Linie Tongeren-Aachen, die während des Ersten Weltkriegs aus militärischen Gründen erbaut wurde. In **Sint-Martens-Voeren** gibt es eine Jugendherberge sowie zahlreiche Privatunterkünfte für Erholungssuchende. Denn hier sind Urlauber wirklich „auf dem Land".

S'GRAVENVOEREN

Kaum haben Sie das Ortsende des Dorfes (mit der im Kapitel „Ein paar Worte über die Belgier" erwähnten Polizeistation) erreicht, sehen Sie wenig später das gelbe Gemeindeschild von **s'Gravenvoeren**. Rechts begleitet Sie an dieser Strecke ein bewaldeter Höhenzug – soweit man hier von Höhe überhaupt sprechen kann. Er bietet schöne Wander- und Spaziermöglichkeiten und gleich dahinter befindet sich die Grenze zu den Niederlanden. Auf der gut asphaltierten Straße passieren Sie den Weiler **Schophem**, der bereits zu s'Gravenvoeren gehört. Ab hier heißt die Straße für ein Stück „Schietekamer", ich mag nicht wirklich wissen, ob das auf Deutsch das heißt, was ich vermute. Achten Sie doch beim Fahren ab dem Ortsanfang von s'Gravenvoeren auf den rechten Straßenrand – plötzlich, nach Einmündung einer kleinen Seitenstraße, begleitet ein Bach Ihren Weg. Die daneben liegenden Häuser sind jeweils mit einer eigenen kleinen Brücke zur Straße hin ausgestattet. Vor einer weiteren Seitenstraße verschwindet der Bach wieder, taucht aber wenig später wieder auf.

Uralte Kopfweide mit nicht ganz so uraltem Schild

Die erwähnte Seitenstraße lohnt einen kleinen Abstecher. Denn nach wenigen Minuten passieren Sie zuerst das Landgut **de Molenhoeve**, in dem Ferienwohnungen eingerichtet sind. Und gleich dahinter sehen Sie in einer grandiosen Parklandschaft **Schloss Altenbroek**, das im Kern aus dem 14. Jahrhundert stammt, heute jedoch die Wohnkultur des 18. Jahrhunderts präsentiert. Es ist ein elegantes Schlosshotel, umgeben von Wiesen, Weiden, Weihern und Wildnis. Die schwarzen Rinder, die Sie vielleicht auf den Weiden sehen, sind japanische Wagyu-Rinder. Was jedem Feinschmecker etwas sagen dürfte.
» www.altembrouck.net

Zurück an der Hauptstraße von s'Gravenvoeren biegen wir nach rechts ab, die Straße wird noch etwas schmaler und die Häuser werden noch etwas malerischer. Bald sehen wir die Kirche vor uns, passieren sie und geben gleich gut acht: Da steht nämlich in der Häuserreihe ein Gebäude, vor dem (hoffentlich auch, wenn Sie vorbeikommen) einige Fahnen wehen. Hier ist

das **Voerstreek Besucherzentrum** eingerichtet, das auf lebendige Weise über die Region informiert. Es gibt eine naturpädagogische Ausstellung und eine geschichtliche Ausstellung. Im Internet können Sie bei YouTube® einen kleinen Film über das Angebot des Besucherzentrums anschauen:
» youtu.be/biVzspEX8Es

Dieses Besucherzentrum ist ein Ort, den Sie auf keinen Fall auslassen sollten, denn die dort erhältlichen Informationen helfen Ihnen, die Region noch besser zu verstehen und kennenzulernen.

An dieser Stelle muss darauf hingewiesen werden, dass die Website des Tourismusbüros von Voeren durch und durch vorbildlich ist. Die Sprachen, auch deutsch, funktionieren, der Informationsgehalt ist tadellos, es gibt viele Hinweise auf Sehenswürdigkeiten und sonstige touristische Ziele. Es gibt umfangreiche Listen von Ferienunterkünften aller Art, von Einkaufsmöglichkeiten, von Cafés und Restaurants – kurz, man findet alles, was man wissen möchte, um in der Region angenehme Stunden oder Tage zu verbringen. Direkt zur deutschen Version kommen Sie unter diesem Link:
» www.voerstreek.be/?lang=de

Wiesen, Wälder und Wein. Das Wasser, die Voer, ist links um die Ecke.

MOELINGEN

Es bleibt noch, das Dorf **Moelingen** zu besuchen. Wenn Sie das Besucherzentrum besucht – oder aus zeitlichen Gründen – nur passiert haben, taucht kurz danach der Bach wieder seitlich auf. Erst mit einem scharfen Linksknick verabschiedet sich die Straße von ihm. Teilweise gehört die rechte Straßenseite bereits zu den Niederlanden. Alles liegt halt in der kleinen Voerstreek nahe beisammen. Kurz darauf überqueren Sie die N 627. Sie sind in Moelingen, dem westlichsten Dorf der Fusionsgemeinde Voeren. Hier ist nun bereits das Maastal; der Fluss ist nur noch einen Steinwurf entfernt. Moelingen selbst wird von der Berwinne durchflossen, die unterhalb des amerikanischen Friedhofs bei Henri-Chapelle entspringt, am Kloster Val Dieu vorbei durch ein idyllisches Tal bis Dalhem verläuft und bei Moelingen in die Maas fließt.

Aus Moelingen (Rozenstraat 2) kommt "Rick's Bier", darunter eine Sorte mit Kirscharoma. Andere Varianten werden mit lokal produziertem Apfel- und Birnensirop gebraut. Klingt schräg, schmeckt aber köstlich.

Nur einen Katzensprung vom Ort entfernt, aber schon auf niederländischem Gebiet, liegt Eijsden mit einem altertümlichen Ortskern direkt an der Mass und einem imposanten Schloss. Ein Abstecher dorthin lohnt ungemein!

Gleich anschließend südlich beginnt das flache Land.

Blick vom belgischen Dorf Lanaye über die Maas auf das prächtige Kasteel Eijsden (NL). Wenige Meter maasaufwärts fließt die im Park der Commanderie bei St. Peter-Voeren entsprungene Voer in die Maas.

Blick vom belgischen Ufer aus auf das Dorf Eijsden mit seinen hübschen alten Häusern.

Teil 3

TEIL 3: EUPEN – DIE ALTE TUCHMACHERSTADT

EUPEN (10) (11)

Seitdem ich **Eupen** kenne, wird dort gebaut. Sicher, auch Häuser, aber vor allem an den Straßen. Und da, wo nicht gebaut wird, drängt sich umgehend der Gedanke auf: Hier müsste mal endlich was gemacht werden. Was vor allem für die Straßen gilt.

Die Stadt im Tal der Weser weist eine belebte Topografie auf, es geht hoch und runter und wieder hoch. Sie ist in eine Ober- und Unterstadt geteilt, was einem Höhenzug zu verdanken ist, der sich quer durch das Stadtgebiet

Eupen – die Unterstadt, von der Moorenhöhe aus gesehen

zieht. Das Zentrum der Oberstadt liegt jedoch nicht höher als das der Unterstadt, von daher sind die Bezeichnungen vielleicht etwas missverständlich. Die meisten der rund 20.000 Einwohner Eupens wohnen in der Oberstadt, etwa 5.500 in ihrem südlichen Pendant. Und während das Umland der Oberstadt von Wiesen und Weiden geprägt ist, liegt die Unterstadt am Fuße des Hohen Venns und damit der Ardennenwälder.

Wenn man heute das meist recht beschaulich dahinplätschernde Leben im Herzen Eupens beobachtet, kommt man kaum auf den Gedanken, dass diese Stadt eine unruhige Geschichte vorzuweisen hat. 1213 wurde Eupen zum ersten Mal urkundlich erwähnt, es gehörte zu dieser Zeit zum Herzogtum Limburg. Mit dessen Wohl und Wehe war Eupen, nur wenige Kilometer von der Hauptstadt des Herzogtums entfernt, natürlich sehr eng verbunden, mit allen unerfreulichen Begleiterscheinungen. Zwar war zu dieser Zeit der Ort nur ein eher unbedeutender Weiler, aber auch die Bewohner solcher Gemeinden schätzten es nicht besonders, wenn ihre Häuser niedergebrannt oder sonstwie zerstört wurden. Was leider immer mal wieder geschah.

Blieb dann ausnahmsweise mal eine Zeit lang der Ort intakt stehen, wechselten dafür die Herrscher, die über die Region und den wachsenden Ort bestimmten. Das waren mal die Österreicher, mal die Spanier, später dann auch die Franzosen und noch etwas später die Preußen. Nach dem Ersten Weltkrieg war es Belgien, das von da an über die Geschicke Eupens wachte, abgesehen von einer vierjährigen Episode zwischen 1940 und 1944, da war es nämlich Nazideutschland, das sich noch einmal hier breitmachte.

Restaurierte Kaufmannshäuser am Werthplatz

Seit Mitte des 16. Jahrhunderts hatte sich in Eupen eine schnell florierende Tuchindustrie entwickelt. Die Fabrikanten und Händler wurden reich und reicher, und wie reich, das kann man im heutigen Eupen eindrucksvoll sehen: Die Stadt weist eine bemerkenswerte Anzahl von prächtigen Wohnhäusern mit stark repräsentativem Charakter auf. Viele von ihnen sind, nach heutigen Maßstäben, zum Wohnen überdimensioniert, und wenn ich mir manches dieser Häuser heute ansehe, frage ich mich, ob es nicht den Bauherren vor allem um den äußeren Eindruck ging. Auf die Größe kommt es an. Zum Protzen und Präsentieren gab es nun einmal in früheren Zeiten kaum etwas Geeigneteres als ein raumgreifendes Heim. Brauchte man wirklich für seine Familie so viele Räume, wie man den prachtvollen Fassaden entnehmen kann? Wäre es nicht auch eine Nummer kleiner gegangen?

An der heutigen Verwendung mancher der erhaltenen Bauwerke kann man sehen, von welchen Dimensionen die Rede ist. Da findet man in der Gospertstraße 42, ganz zentral in der Oberstadt gelegen, ein ehemaliges Kaufmannshaus von 1707. Das immerhin so groß ist, dass es heute den Sitz des Ministerpräsidenten der Deutschsprachigen Gemeinschaft beherbergt, zusätzlich noch Verwaltungssitz der Euregio Maas-Rhein ist.

Nur einige Meter weiter (hier heißt die Straße Klötzerbahn) steht ein weiteres prächtiges, dreiflügeliges Gebäude, das erst vor Kurzem fertig restauriert wurde. Bei seinem Anblick ist man gewiss überzeugt, dass dieses Anwesen schon immer ein Amt oder ein sonstiges offizielles Gebäude gewesen ist. Doch auch hierbei handelt es sich um eine repräsentative Flügelbauanlage, das Haus **Grand Ry**, erbaut 1761-1763 als Residenz für den Tuchfabrikan-

Haus Grand Ry (1761-1763)

ten Nikolaus Joseph Grand Ry. In sehr viel späteren Zeiten wurde es „Alte Post" genannt, seit 1984 ist es Sitz der Regierung der Deutschsprachigen Gemeinschaft.

An der Klötzerbahn 27 liegt ein weiteres Fabrikantenhaus. Es stammt aus der Mitte des 18. Jahrhunderts und wurde ebenfalls von der Familie de Grand Ry erbaut. Es besitzt eine stilvolle und kostbare Innenausstattung, bestehend aus Stuckarbeiten, einem kunstvollen Treppengeländer sowie Türen im Stil des Rokoko und des Empire. Seit 1940 ist in diesem Gebäude das Friedensgericht untergebracht.

Ein weiteres ehemaliges Kaufmannshaus wird im Volksmund **de Ru's** (die Rose) genannt, warum, kann man an dem bleiverglasten Fenster über der Ein-

Haus de Ru's, wie es später einmal aussehen könnte.

gangstüre erkennen. Dieses Haus besitzt einen ganz anderen Charakter als die sonstigen Prachtbauten, es ist kleiner und wirkt geradezu mittelalterlich, so, als entstamme es einem Bild von Vermeer. De Ru's wurde Ende des 17. Jahrhunderts für den Aachener Kaufmann Nikolaus Pelzer erbaut.

Gospertstraße 42

Für Liebhaber von Gebäuden aus früheren Zeiten ist Eupen ein einziges Freilichtmuseum. Rings um den Werthplatz, auf den die Gospertstraße führt, findet man ein fast geschlossenes Ensemble an Bauten, die allesamt aus der großen Zeit der Tuchindustrie stammen. Ebenso erhalten sind aber auch Wohnstätten für Arbeiter, darunter die sogenannten *Scherer*, deren Arbeit besonders wichtig für die Feintuchherstellung war. An der Kirchstraße, gegenüber der Einmündung Klötzerbahn, findet man ein solches, schön restauriertes Gebäude.

Insgesamt sechs Gebäude stammen von dem Aachener Stadtbaumeister **Johann Joseph Couven** (1701-1763), worauf man in Eupen besonders stolz ist. Couven hat auch in der nahe gelegenen Kaiserstadt viele Spuren hinterlassen, und die Aachener haben ihm, neben einer Straße und einem Gymnasium, auch ein Museum gewidmet, das ausgesprochen sehenswert ist.

Die Stadt Eupen hält auf ihrer Website eine PDF-Datei mit einem Plan bereit, in dem alle historischen Gebäude der Stadt verzeichnet und beschrieben sind. Diese Datei finden Sie wie eine Reihe weiterer Pläne und Flyer im Kapitel „Internetadressen".
» www.eupen.be

Neben den zahlreichen Profanbauten aus der glorreichen Zeit der Tuchindustrie besitzt Eupen auch im kirchlichen Bereich ein überaus beeindruckendes Gebäude. Es handelt sich dabei um die das Stadtbild beherrschende Nikolauskirche, die 1729 geweiht wurde und ein besonders schönes Beispiel für die Kircheninterieurs zur Zeit des Barock darstellt. Nicht erst seit Erbauung dieser Kirche wird der heilige Nikolaus in Eupen verehrt, schon zu Beginn des 13. Jahrhunderts stand hier eine *Capella Sancti Nicolai*. Ihr folgte zwei Jahrhunderte später ein gotischer Bau, der als Pfarrkirche diente, von diesem Bau ist der rechte Turm im Südwesten erhalten (auf unserem Foto der linke Turm). 1740-1744 entstand dann der barock-pompöse Hochaltar, auch er ist ein Werk Johann Joseph Couvens, dem Aachen den einmaligen Titel *Architekt der Reichsstadt Aachen* verlieh. Ähnliche Ehrentitel, allerdings in Form hoher Offiziersränge, erhielten auch berühmte Kollegen Couvens, darunter der wohl bedeutendste Baumeister des Barock und des Rokoko in Süddeutschland, **Balthasar Neumann**. Johann Joseph Couven, dessen Familie aus dem nicht weit entfernten Teuven stammte, werden wir in der Region noch mehrfach begegnen.

Am Übergang von Oberstadt zu Unterstadt, der Straße Rotenberg, finden Kunstfreunde eine besondere Adresse, die Eupen zu einem Teil der zeitgenössischen Kunstszene macht: *ikob – Museum für Zeitgenössische Kunst,*

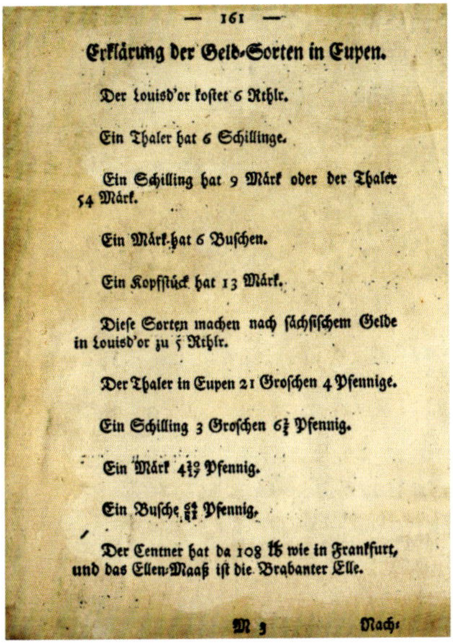

— 161 —

Erklärung der Geld-Sorten in Eupen.

Der Louisd'or kostet 6 Rthlr.

Ein Thaler hat 6 Schillinge.

Ein Schilling hat 9 Märk oder der Thaler 54 Märk.

Ein Märk hat 6 Buschen.

Ein Kopfstück hat 13 Märk.

Diese Sorten machen nach sächsischem Gelde in Louisd'or zu 5 Rthlr.

Der Thaler in Eupen 21 Groschen 4 Pfennige.

Ein Schilling 3 Groschen $6\frac{2}{3}$ Pfennig.

Ein Märk $4\frac{20}{27}$ Pfennig.

Ein Busche $\frac{64}{81}$ Pfennig.

Der Centner hat da 108 ℔ wie in Frankfurt, und das Ellen-Maaß ist die Brabanter Elle.

M 3 Nach-

Als es den Euro noch nicht gab – eine Auflistung der in Eupen gebräuchlichen Währungen im 18. Jahrhundert (aus dem Buch „Die feine Tuchmanufaktur zu Eupen“, 1796).

heißt der Ausstellungsort, der die aktuellen und aufstrebenden Tendenzen zeitgenössischer Kunst anhand von regelmäßig wechselnden Ausstellungen aufzeigt, die in Konfrontation zu den Werken der *ikob Collection* gezeigt werden. Kunst ist im *ikob* nicht das, was schön ist, sondern, so steht es in der Selbstdarstellung des Hauses, die Beschäftigung mit Themen, *„die gesellschaftskritische, politische, soziale oder kulturelle Aspekte näher beleuchten und zu einer Hinterfragung anregen“.* Das klingt ambitioniert und engagiert. Das Museum liegt wenig fein am Rand eines Supermarktparkplatzes, aber es zählen ja schließlich die inneren Werte.

» www.ikob.be

Beherrscht das Stadtbild. Die Nikolauskirche in Eupen

Eupens Unterstadt liegt südlich der Oberstadt und damit am Rand des Hohen Venns. Wo Haasstraße (N 67) und Frankendelle (N 68) zusammentreffen, befindet sich ein Kreisverkehr, von dem aus man einmal Richtung Baraque Michel, St. Vith oder Malmedy abbiegen kann oder aber Richtung Mützenich und Monschau. Beide Straßen queren wenige Meter nach dem Kreisel die ansonsten eher unauffällige Weser und führen rasch bergauf in Wald- und Venngebiete. Ein versteckt liegender Aussichtspunkt, die *Moorenhöhe*, ermöglicht einen Blick über Unterstadt und anschließenden Wald, und in westlicher Richtung sieht man ein kurzes Stück das Wesertal hinunter. Der Blick wird aber nicht vom Fluss bestimmt, sondern von einem großen Industriegebäude, das architektonisch aus dem Beginn des 20. Jahrhunderts stammt. Ursprünglich war darin eine Tuchfabrik untergebracht, heute gehört das Gebäude zum Kabelwerk mit mehr als 1.000 Beschäftigten. Die Historie des Kabelwerks reicht bis ins 18. Jahrhundert zurück, seine Ursprünge liegen in einer kleinen Werkstatt, in der Seile und Taue hergestellt wurden. Heute produziert das Unternehmen hier nicht nur Kabel aller Art, sondern auch Rohre und Polyurethanmatten.

In der 1. Auflage dieses Buches stellte ich das Eupener Schokoladenmuseum vor, das an die seit fast 100 Jahren in Eupen produzierende Chocolaterie Jacques angeschlossen war. Beides ist Geschichte; im Mai 2019 wurde die Süßwarenproduktion in Eupen geschlossen und die Exponate des Museums gingen nach Brügge, wo weiterhin Jacques Schokolade hergestellt wird.

Dafür bietet die Stadt ein neues Ziel. Seit 2015 verfügt Eupen über ein Kulturzentrum. Errichtet wurde es in einem architektonisch bemerkenswerten Gebäude vom Beginn des 20. Jahrhunderts, das neunzig Jahre lang als Städtischer Schlachthof fungierte. Der „Alte Schlachthof" verfügt über eine Gesamtfläche von etwa 2.000 m² und liegt nur wenige Gehminuten vom Eupener Stadtzentrum entfernt. Inzwischen, nach vier Jahren, ist der Alte Schlachthof nicht mehr wegzudenken, was wohl vor allem am ausgesprochen vielfältigen Veranstaltungsangebot liegt.

Alter Schlachthof	Tel.: +32 (0) 87/59 46 20
Rotenbergplatz 17	Email: info@alter-schlachthof.be
4700 Eupen	›› https://www.alter-schlachthof.be/

Blick von der Moorenhöhe ins Tal der Weser, das noch erkennbar industriell geprägt ist.

Die Moorenhöhe liegt an der Bergkapellstraße und zweigt am Übergang zwischen Ober- und Unterstadt von der Kreuzung Rotenberg/Neustraße/Olengraben ab (aus Richtung Rotenberg halb links, ausgeschildert). Achten Sie auf die braunen Schilder Richtung Moorenhöhe. Ca. 300 m ab der erwähnten Kreuzung weist ein Hinweis nach rechts zum Aussichtspunkt, die letzten 10 m muss man dann zu Fuß gehen.

Ehe wir uns dem Venn nähern, sollen noch drei imposante Gebäude erwähnt werden, die im nördlichen Teil Eupens liegen, also in der von Wiesen dominierten Landschaft.

STOCKEM UND KETTENIS

Da ist einmal die **Burg Stockem** aus dem 16. Jahrhundert, die im gleichnamigen Ortsteil liegt und von der N 61 Richtung Verviers aus kurz hinter dem Gelände der Autosécurité links zu erreichen ist. Das andere Gebäude liegt östlich von Eupen in Kettenis; es ist die mittelalterliche Wasserburg **Groß-Weims**. Untergebracht ist darin heute eine stilvolle Bed & Breakfast-Herberge, deren Website alles über das Anwesen erzählt und so richtig Lust auf einen Aufenthalt dort macht.
» www.schlossweims.be

Mich hatte die Seite neugierig gemacht, und so bin ich hingefahren. Die Eigentümer des Anwesens, das Ehepaar Karl und Ursula Miessen, haben 2013 drei Gästezimmer im Schloss mit Geschmack und Liebe eingerichtet. Wobei der Begriff Gästezimmer eher untertreibt. Stilvoller kann man wohl

Die Wasserburg Groß-Weims in Kettenis

Schlafen hinter Schießscharten. Wasserburg Groß-Weims

nicht oft wohnen. Und das ganze Innere des Hauses, die alten Gemäuer und das wunderschöne Treppenhaus mit einem barocken Geländer lassen den Gast ein Gefühl für den früheren Lebensstil des Landadels gewinnen, zu dem man sich für die Zeit seines Aufenthalts durchaus zählen darf. Natürlich kennen die Miessens die bewegte Geschichte ihres Schlosses, das so mancher erlebt bzw. überlebt hat, und gerne erzählen sie auch den Gästen darüber. Was das Gebäude und den Aufenthalt dort gleich noch einmal so interessant macht. Würde ich nicht selbst fast um die Ecke wohnen, ich würde mir sicher im Schloss Weimes einmal ein Wochenende gönnen und vielleicht den ganzen Tag mit einem Buch am Ufer des Wassergrabens sitzen. Ein Hoch auf das Landleben!

Umgeben sind Schloss und Park von Wiesen und Weiden, vorgelagert zur Straße ist ein landwirtschaftlicher Hof, der von einem Sohn der Familie Weimes bewirtschaftet wird. Sehen Sie sich nur die beiden Bilder hier an – da lässt es sich doch wirklich aushalten …

Während man Schloss Weims von der Straße aus leicht übersehen kann, da das Gehöft den direkten Blick etwas verhindert, dürfte das mit **Schloss Libermé** kaum passieren. Auch dieses liegt in Kettenis, und von der nach Aachen führenden Hauptstraße N 61 ist es nicht zu übersehen. Aus Eupen in Richtung Eynatten gesehen, liegt das Wasserschloss aus dem 14. Jahrhundert am Ortsausgang von Kettenis links in den Wiesen. Von Schloss Weimes ist es nur wenige hundert Meter entfernt, und beide Anwesen gehörten früher einmal zusammen. Bis Mitte der 1990er-Jahre war in Libermé in neuerer Zeit ein Gourmetrestaurant eingerichtet, heute ist es Sitz eines Beratungsbüros. Kulturell bietet Schloss Libermé von Zeit zu Zeit kammermusikalische Veranstaltungen. Mit seinem Haupt- und den Nebengebäuden (Vorburg und landwirtschaftliche Bauten) stellt Libermé ein architektonisches Kleinod dar, das zumindest von außen gut zu besichtigen ist. Die Website ist zwar wenig ergiebig, enthält aber alle nötigen Infos zur Lage.

» www.chateau-liberme.com

Château Libermé

Teil 4

1 Das Herver Land

2 Voeren – die flämische Exklave

3 Eupen – die alte Tuchmacherstadt

4 Im Eupener Land

5 Limbourg und Umgebung

6 Das Hohe Venn

7 Spa

8 Malmedy

9 Südlich des Hohen Venns

10 Nachwort

TEIL 4: IM EUPENER LAND

RAEREN 5

Von Kettenis aus ist es nicht weit bis zur deutschen Grenze. Fahren Sie auf der N 61 Richtung Aachen, bis Sie an eine Kreuzung mit Ampel kommen. Die rechts abgehende Straße führt nach **Raeren**, einem Dorf, das aus vielen einzelnen Teilen besteht und in dem ich mich, so lange ich Raeren kenne, noch nie zurechtgefunden habe. Das gesamte Gemeindegebiet umfasst 74,21 km^2, was für einen Ort von rund 10.000 Einwohnern recht groß ist. Ursprünglich gab es nur zwei Ortsteile, Raeren und Neudorf, diesen hinzugefügt wurden nach und nach immer mehr der umliegenden Weiler und Gehöfte. Die Ursprünge Raerens reichen bis ins 14. Jahrhundert zurück.

Raeren, das war ab dem 16. Jahrhundert weit über die Region hinaus ein Begriff. Denn aus Raeren stammte ein hochgeschätztes Produkt, das **Raerener Steinzeug**. Ab der zweiten Hälfte des 16. Jahrhunderts erreichte

Burg Raeren, seit 50 Jahren Keramikmuseum von internationalem Ruf

das Töpferhandwerk hier sowohl wirtschaftlich als auch künstlerisch seine Glanzzeit, die mit einigen bis heute bekannten Namen von Handwerkern wie Mennicken, Kalf und Kran verbunden ist.

Warum Raeren? Ganz einfach, weil es dort in der Umgebung große Tonvorkommen gab. Die Ersten, die sich mit dem vor ihrer Haustüre liegenden Material befassten, waren noch keine Meister in ihrem Metier, geschweige denn Künstler. Doch da es immer mehr Töpfer gab, etwa 50 in der zweiten Hälfte des 16. Jahrhunderts, tat sich natürlich der eine oder andere als besonders talentiert hervor. Die Waren wurden besser und schöner und wurden immer weiter weg vom Herstellungsort bekannt. Man vermutet, dass Kölner Töpfer, aus ihrer Stadt um 1570 vertrieben, in Raeren eine neue Wirkungsstätte fanden.

In der ersten Hälfte des 17. Jahrhunderts begann der Niedergang der Raerener Werkstätten, konkrete Gründe dafür sind nicht bekannt. Allerdings waren zahlreiche Töpfer in Richtung Westerwald und Kannebäckerland gezogen, was womöglich das Potenzial der Raerener Manufakturen schwächte. So wurden aus den einst hoch angesehenen Raerener Töpfereien schlichte Hersteller von Massenware: Man stellte vor allem Bierkrüge her, ohne ästhetischen Anspruch. Wenn davon bei einer Kneipenrauferei ein paar Dutzend zu Bruch gingen, war das kein kultureller Verlust.

Heute ist die **Wasserburg Raeren**, Burgstraße 103, ein renommiertes Keramikmuseum. Ihre Geschichte reicht bis ins frühe 15. Jahrhundert zurück. Nach einer langen und bewegten Geschichte kam die Burg 1960 in den Besitz der Gemeinde, 1963 wurde dann das Töpfermuseum eröffnet. Ausgestellt werden vor allem Exponate, die die Raerener Steinzeugproduktion dokumentieren, aber auch zahlreiche Erzeugnisse aus früheren Epochen und anderen Töpfereiregionen warten auf Ihren Besuch. Einmal im Jahr gibt es rings um die Burg einen Keramikmarkt, an dem Handwerker und Künstler aus vielen Ländern teilnehmen.
» www.toepfereimuseum.org

In Raeren stehen noch einige weitere interessante Gebäude: gleich neben der Burg das **Haus Raeren**, ein mächtiger Wehrtum, der von einem Wassergraben umgeben ist. Es ist in Privatbesitz und bewohnt. Seine Bauform, ein

Wehrhaft wohnen. Haus Raeren

abweisender, rechteckiger Turm, ist nahezu vollständig bis heute erhalten geblieben. Sie können das Haus Raeren von draußen gut betrachten und ein gutes Stück umrunden. Da es irgendwann keine Feinde mehr gab und sich die Schießscharten damit als überflüssig erwiesen, hat man später diese zu Fenstern vergrößert, ansonsten macht der Turm immer noch einen wehrhaften Eindruck.

Weitere historische Gebäude in Raeren sind das **Haus Bergscheid** aus dem 16. Jahrhundert, die **Knoppenburg** im Ortsteil Neudorf, ebenfalls aus dem 16. Jahrhundert und mit kuriosen Zwiebeltürmen verziert, das **Haus Moeris** aus dem 17. Jahrhundert, bis heute ein landwirtschaftlicher Betrieb und von für diese Region ungewöhnlicher Architektur. Schließlich das **Ravenhaus**, dessen Gründung im frühen 15. Jahrhundert liegt. Die heutigen Wirtschaftsgebäude stammen wohl aus dem 16. Jahrhundert, ein Wohnhaus oder gar Schloss aus dieser Zeit ist aber völlig verschwunden.

Viele Informationen über Raeren können Sie der Website des Ortes entnehmen.

» www.raeren.be

Von Raeren aus können Sie durch den Wald Richtung Roetgen fahren. Kurz vor der Grenze, im Ortsteil **Petergensfeld**, zweigt von der Roetgener Straße eine schmalere Straße ab, die Vennstraße. Auf der Ecke steht ein hoher Metallmast. Eine Fahrt entlang dieser Straße ist landschaftlich ein Erlebnis, man glaubt sich fast in den hohen Norden, zum Beispiel nach Finnland, versetzt. Im Verlauf der Straße gibt es mehrfach Parkmöglichkeiten, wenn Sie also mit dem Auto unterwegs sind, sollten Sie das einmal stehen lassen und durch den Wald einen entspannten Spaziergang unternehmen.

Am Ende der Vennstraße gelangen Sie in den Eupener Ortsteil **Nispert**. Falls Sie Ihre Belgienausflüge noch nicht in die Stadt geführt haben, wäre jetzt eine gute Gelegenheit für eine Stadterkundung, da Sie am Ende der Nispertstraße auf den Werthplatz stoßen, auf dem Sie für 1,– € parken können. Mit den Tipps im Eupen-Kapitel steht Ihnen jetzt eine interessante Stadtbesichtigung bevor.

EYNATTEN

Sollten Sie von Raeren aus nicht in Richtung Roetgen fahren wollen, können Sie auch den Weg in die entgegengesetzte Richtung nehmen. Im nahen Nachbarort **Eynatten**, der ansonsten nicht sonderlich attraktiv ist, liegt sehr versteckt ein überaus sehenswertes Wasserschloss. Es ist das **Amstenrather Haus**, ein Herrensitz aus dem 15. Jahrhundert. Sein heutiger architektonischer Zustand, eine vierflügelige Anlage, besteht seit dem 18. Jahrhundert. Da das Amstenrather Haus in Privatbesitz ist und bewohnt wird, sind Besichtigungen ausgeschlossen, doch auch die Außenansicht ist einen Abstecher nach Eynatten wert.

Das Eupener Land nördlich der Stadt. Wiesen und Weiden

Das Anwesen liegt zwar mitten im Ort, ist aber gut versteckt. Wenn Sie von Raeren her kommen, nehmen Sie am Kreisverkehr die N 3 Richtung Aachen. Rechts sehen Sie das alteingesessene Hotel *Tychon*. Genau gegenüber sehen Sie die Einmündung einer Privatstraße, die für Autos gesperrt ist. Wenn Sie in diese Straße hineingehen, kommen Sie am Haus Amstenrath aus. Aus Richtung Aachen gesehen, versteht sich der Zugang entsprechend, das Hotel *Tychon* ist auch aus dieser Richtung nicht zu übersehen.

Die andere Möglichkeit, das prächtige Gebäude samt Wasserfläche zu sehen, besteht darin, vom Kreisverkehr in Eynatten aus Richtung Eupen zu fahren. Nach etwa 200 m biegen Sie in die dortige Hauseter Straße nach rechts ab. Weitere 200 m danach biegen Sie wieder rechts ab in die Langstraße. Es empfiehlt sich, wenn Sie mit dem Auto unterwegs sind, dieses hier zu parken. Folgen Sie dann weiter der Langstraße (links halten, nur für Anlieger frei), bis diese einen Knick nach rechts macht. Genau dort geht geradeaus ein schmaler Weg, dem Sie folgen, er führt im weiteren Verlauf direkt am Anwesen vorbei.

Noch ein letzter Tipp zu Eynatten: Folgen Sie der N 3 in Richtung deutsche Grenze. Dort, wo früher einmal die Zollstation war, residiert in einem der verbliebenen Gebäude der belgisch-deutsche Kunstverein *KuKuK – Kunst und Kultur im Köpfchen*. Köpfchen, das ist der alte Name des Grenzübergangs.
» www.kukukandergrenze.org

EIN ABSTECHER: NEUTRAL-MORESNET/KELMIS/LA CALAMINE 3

Verlässt man Aachen in südwestlicher Richtung über die Bundesstraße 264, kommt man jenseits des Stadtwalds nach Kelmis. Heute ist das ganz problemlos (von der Kamera abgesehen, die auf dem Stück zwischen den ersten Häusern von Kelmis und einem Kreisverkehr 200 m weiter auf Sie lauert). Früher aber stand straßenmittig ein Zollbüdchen, an dem von Staatsdienern beider Länder viel und penibel kontrolliert wurde. Das nervte insbesondere Pendler, die sämtlichen Zöllnern bzw. Douaniers längst bekannt sein mussten.

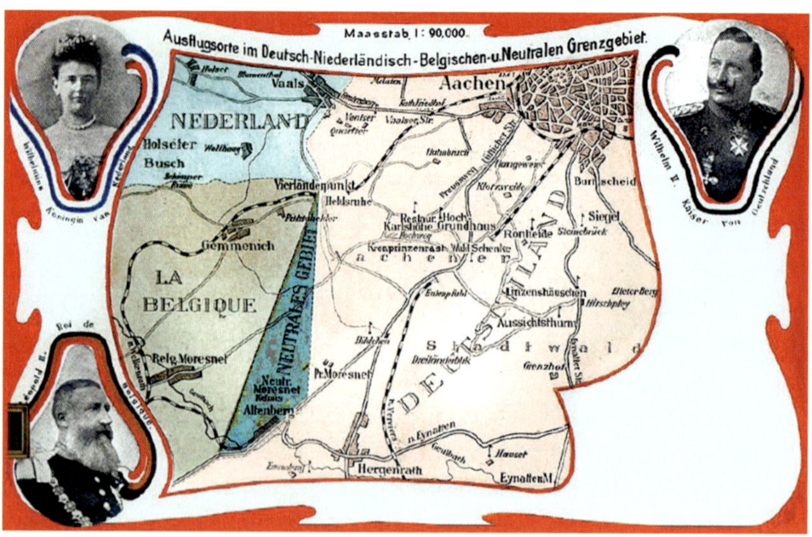

Alte Postkarte von Neutral-Moresnet (blau markiert)

Doch auch sie mussten sich der Prozedur unterwerfen, wenn der gerade Dienst tuende Beamte eine schlechte Nacht hinter sich hatte.

Der Übergang hatte auf deutscher Seite den freundlich klingenden Namen **Bildchen** – ob das von „Passbild" kam, weiß ich nicht. Die Belgier nannten die Station **Tülje**, so wie den Ortsteil, an dem sie stand.

Einmal bekam ich hier mächtig Ärger. Ich fuhr zu dieser Zeit Motorrad und trug eine echte, allerdings ausgemusterte grüne Lederkombi, wie sie Polizisten der Motorradstaffeln trugen. Man hielt mich wieder einmal an, ich stellte das Motorrad am rechten Straßenrand ab und mich dann auf die mittige Insel mit dem Kabuff, in dem die Zöllner saßen. Während ausgiebig meine Papiere untersucht und mit sämtlichen Fahndungsbüchern dieser Welt abgeglichen wurden, kamen natürlich Autos angefahren. Deren Chauffeure hielten mich wegen meiner schicken Uniform offenbar auch für einen „Zollbüll" (Zitat: mein Vater) und hielten mir brav ihre Papiere entgegen. Da ich dem Beamten im Häuschen, der so schwer mit mir beschäftigt war, etwas Arbeit abnehmen wollte, winkte ich alle diese Autos durch. Zwar hätten die Fahrer sofort merken müssen, dass ich kein echter Zöllner sein konnte, da ich *freundlich* guckte, aber, froh über die zügige Abfertigung, gaben sie allesamt wieder Gas. Dies ging ein paar Autos lang gut, dann bemerkte der Diensthabende mein Tun.

Es gab ein lautstarkes Wortgefecht, aus dem mir das Wort „Amtsanmaßung" in Erinnerung geblieben ist. Und ich würde von ihnen hören, meine Personalien seien ja bereits aufgenommen. Für die nächste Zeit nahm ich einen anderen Grenzübergang, und letztendlich hörte ich auch nichts mehr von staatlicher Seite. Sicherlich war dem Beamten inzwischen klar geworden, dass er sich gegenüber seinen Kollegen und Vorgesetzten zu einer ziemlichen Lachnummer gemacht hätte. So wie ich, als ich mittags in der Mensa von meiner kurzzeitigen Karriere als Ordnungshüter erzählt habe.

Das Ortsbild von Kelmis ist, nun ja, wie soll ich es sagen, nicht wirklich pittoresk. Um diesem Manko ein wenig entgegenzuwirken, hat die Gemeinde vor einigen Jahren hier und da Tafeln aufgestellt, die zeigen, wie es früher einmal dort aussah. Um ehrlich zu sein: auch nicht schöner. Aber nehmt

Früher weniger bunt: die Lütticher Straße in Kelmis

mir das bitte nicht übel, liebe Kelmiser, ich mag euer Städtchen auch so gut leiden. Euer Donnerstagsmarkt ist eine Fahrt wert, und für alles aus den Bereichen Essen, Trinken, Reparieren, Gärtnern, Versichern, Tanken und Installieren gibt es Geschäfte, die jederzeit einen Besuch von Kelmis sinnvoll machen. Immerhin ist der Ort nach Eupen die zweitgrößte Gemeinde der Deutschsprachigen Gemeinschaft, mit rund 11.000 Einwohnern. Von denen mehr als ein Drittel Nicht-Belgier sind.

So unscheinbar der Ort auch heute wirkt – **Kelmis**, früher **Altenberg**, heute auch **La Calamine** auf Französisch, hat eine spannende Geschichte hinter sich. Denn bereits seit dem Mittelalter wurde in der Umgebung ein begehrtes Erz abgebaut, **Kieselzink**. Das wird auch **Galmei** genannt, wovon sich der der Name Kelmis ableitet. Seit Mitte des 19. Jahrhunderts wurden von der Gesellschaft „Vieille Montagne" die Erzfunde im industriellen Stil abgebaut, wodurch erst der eigentliche Ort Kelmis entstand.

Und der war mehr als ein Jahrhundert lang politisch neutral; das heißt, er gehörte keinem Staat, weder den Niederlanden noch Preußen, an (Belgien gab es damals noch nicht). Nach Napoleons Ende trat 1815 der vor allem aus Hans-Moser-Filmen bekannte Wiener Kongress zusammen, der nicht nur tanzte, sondern nebenher auch Europa neu sortieren sollte. Und ausgerechnet bei der Gegend um das heutige Kelmis konnte man sich nicht einigen, wem das wirtschaftlich wertvolle Stück Land zugeschlagen werden sollte. Daraus entstand das 3,4 km² große Territorium **Neutral-Moresnet**, das von 1816 bis 1919 eigenständig war und in der Zeit bis zum Ersten Weltkrieg tüchtig florierte. Beliebt war das Kuriosum bei jungen Männern der umliegenden Länder, die hierher zogen, um so dem heimischen Militärdienst zu entgehen.

Heute: im Großen und Ganzen wenig verändert. Im markierten Bereich sieht man das frühere Verwaltungsgebäude der Minengesellschaft. Seit 2018 beherbergt es das Musée Vieille Montagne.

Jährlich gewann man aus der Grube Altenberg rund 30.000 Tonnen Roherz. Auch wurde auf verschiedene Weise davon profitiert, dass hier weder preußische noch niederländische bzw. belgische Gesetze galten. Es gab zahlreiche Schnapsbrennereien sowie einen florierenden Handel mit Alkohol. Eine Gruppe von Esperanto-Anhängern versuchte gar, die künstliche Sprache im Miniland als Landessprache einzuführen. Was nicht funktioniert hat. Vielleicht war Esperanto im alkoholisierten Zustand zu schwer.

Seit 1910 steht an der die La Calamine durchquerenden Lütticher Straße ein imposantes Gebäude, erbaut im damals populären Jugendstil. Es handelt sich um das frühere Verwaltungsgebäude der „Société Anonyme des Mines et Fonderies de Zinc de la Vieille Montagne", die den Zinkerzabbau in der Region betrieb. Schon an der Fassade kann man erkennen, dass es sich um eine bedeutende Architektur handelt, und auch im Inneren ist das Gebäude bis heute weitgehend im Originalzustand erhalten.

Seit September 2018 beherbergt das Direktionsgebäude Vieille-Montagne nach mehrjährigen Restaurierungsarbeiten ein Museum, in dem man alles über die Historie des einst staatlich ungebundenen Neutral-Moresnet und die Geschichte des Erzabbaus in der Region erfahren kann. Das klingt im ersten Moment vielleicht etwas nüchtern, aber zu sehen, wie es dereinst dort zuging, um das kostbare Erz zu gewinnen, ist überaus spannend. Ausgestellt sind zahlreiche historische Dokumente, die die wechselhaften Besitzverhältnisse der Grube Altenberg aufzeigen, es gibt eine große Wandvitrine mit Bodenfunden wie Fossilien und Erzformationen sowie viele Werkzeuge und -stücke, die mit der Zinkindustrie verbunden sind. Auch der rechts des Hauptgebäudes befindliche ehemalige Bahnhof wurde in die Planung miteinbezogen. Bis vor wenigen Jahren noch ein mehr als schäbiger Abbruchkandidat steht der kleine Anbau heute sorgfältig restauriert als Empfangsgebäude, Tourismuszentrale und für Wechselausstellungen zur Verfügung.

Besucht werden kann das sehenswerte Museum Vieille-Montagne Mittwoch bis Samstag von 10-17 Uhr sowie jeden 1. und 3. Sonntag von 10-17 Uhr.
» https://www.mvm-kelmis.be/

Museum Vieille Montagne in Kelmis

Ein wahrer Zauberwald: das Hohnbachtal

Mit dem Ersten Weltkrieg war es mit der Neutralität vorbei, erst besetzten die Preußen den Ort, und 1919 fiel Kelmis an Belgien. Der Galmeiabbau wurde später eingestellt, da sich die Vorkommen erschöpften. Allerdings konnte man im Oktober 2014 der lokalen Presse entnehmen, dass ganz in der Nähe Millionen Tonnen Zink- und Bleierz unter der Oberfläche in Bleyberg und Lontzen vermutet würden, die wirtschaftlich abgebaut werden könnten. Es stünden demnächst intensive geologische Untersuchungen an.

Ist der Ort Kelmis auch eher von der praktischen Seite her erfreulich, besitzt er doch ein Kleinod, wie man es wohl so schnell nicht wieder findet. Und auch gar nicht erwartet. Ich spreche vom Hohnbachtal, einem Auwaldgebiet, das vor allem im späteren Frühjahr wie ein echter Märchenwald aussieht. Das Tal liegt zwar versteckt, ist aber dennoch leicht zu finden.

Am Ortsausgang von Kelmis in Richtung Eupen überquert die Hauptstraße N 3 die Geul, und gleich dahinter biegt man nach links in die Straße Schnellenberg ab. Von dieser geht kurz darauf der Weg Rochuskapelle ab, der schon wenige Meter danach vor eben dieser endet. Ab hier geht es zu Fuß weiter. Der folgende Weg ist bis auf ein ganz kurzes Stück zu Anfang durchweg eben und sehr leicht zu bewältigen. Links der Kapelle folgen Sie zunächst einem Fußpfad, der 200 m später von einem breiteren Ackerweg gekreuzt wird. In diesen biegen Sie nach rechts ab, nun geht es kurz bergauf. Nach weiteren 200 m biegt rechts ein Weg ab, der, wie Sie schon sehen können, in den Wald führt. Hier betreten Sie nun den Auwald, rechts neben Ihnen fließt gemächlich der kleine Bach, links geht recht steil eine Böschung bergauf.

Der Weg, auf dem Sie nun parallel zum Bach wandern, ist kein gewöhnlicher Waldweg. Über ihn führte früher die Trasse, über die das gewonnene Gestein aus dem Galmeiabbau zur weiteren Verarbeitung Richtung Kelmis transportiert wurde. Eine echte Knochenarbeit muss das gewesen sein, denn alles wurde von Hand getan.

Die Trasse, das werden Sie bald sehen, ist nicht das einzige Relikt der wirtschaftlichen Vergangenheit hier. Zunächst bewundern Sie nur den Wald, denn der hat, vor allem Ende März bis Ende April, etwas sehr Seltenes zu bieten. Hunderttausende von wilden Narzissen blühen dann rings um Sie herum, dazu gibt es Schneeglöckchen, Veilchen, Lerchensporn, Sumpfdotterblumen, wohin Sie auch blicken. Millionen von Buschwindröschen verzaubern den Waldboden, der im Übrigen flächendeckend von Bärlauch bedeckt ist. Doch wenn Sie jetzt denken: „Die kosten im Bioladen ja ein Vermögen, davon nehme ich jetzt mal tüchtig mit!" – Lassen Sie es besser sein. Nicht, weil das Tal unter Naturschutz steht. Ob da jetzt Milliarden von Bärlauchblättern stehen oder 10 weniger, dürfte nicht wirklich gravierend sein. Aber der gesamte Boden ist auch heute noch stark erzhaltig. Zu wenig, um abgebaut zu werden, aber genug, um Sie eventuell zu vergiften.

Je weiter Sie gehen, umso zauberhafter wird der artenreiche Laubwald, der über Kalkstein des Unterkarbons wächst. Bald können Sie die Relikte des Bergbaus sehen. Links am Weg ist ein ehemaliger Stolleneingang. Und etwas weiter kommen Sie an einem Stollen vorbei, aus dem Wasser fließt. Er diente früher der Entwässerung der oberhalb gelegenen Grube, von der überirdisch nur noch ein paar Mauerreste erkennbar sind.

Seltene Blumen im Überfluss: die Galmeiveilchen

Gleich nach dem Stollen betreten Sie eine weite Fläche, dies war früher eine Abraumhalde. Wenn Sie zur richtigen Jahreszeit kommen, sehen Sie ein seltenes Bild: Viele Abertausende von gelben Veilchen blühen hier. Es sind **Galmeiveilchen**, eine sehr seltene Blume, die nur auf dieser Art von mineralhaltigen Böden wächst. Diese Wiese mit ihrem Untergrund aus erzhaltigem Abraum ist das ideale Biotop für die kleine Pflanze. Ein Anblick, der wirklich unvergesslich bleibt.

Wilde Narzissen, wohin man schaut.

Zur gleichen Zeit blühen den ganzen Hang nach links hinauf die so seltenen wilden Narzissen. Selbst wenn es verlockend sein mag (und manche Leute es auch nicht lassen können): Pflücken Sie nichts ab. Auch Fotos sind eine bleibende Erinnerung an dieses Naturparadies.

Sie sind noch fit? Prima. Dann gehen Sie hinter der Galmeiwiese ein Stück weiter. Sie passieren eine große Wiese und Weiden, danach geht der Weg für ein paar Minuten etwas strammer bergauf. Folgen Sie ihm, es sind nicht

Wilde Orchideen oberhalb des Bachlaufs

einmal 200 m, dann sind Sie auf der Höhe des Steilhangs, den Sie bisher links Ihres Weges hatten. Sie sehen mehrere kleine Pfade, halten sich nun links und gehen parallel zum Talweg zurück. Unterscheidet sich der Wald anfangs noch nicht sehr vom bisherigen, sehen Sie auf einmal lila Blumen, erst ein paar, dann immer mehr. Ein weiteres Wunder der Natur. Es sind nämlich **wilde Orchideen** in großer Zahl, die ebenso selten sind wie die Galmeiveilchen. Sie blühen ab etwa Mitte April, mein letzter Besuch dort war Ende April 2014, da blühte es allenthalben um mich herum. Für jeden Naturfreund ist eine Wanderung durch das Hohnbachtal ein großartiges Erlebnis. Wenn Sie den Weg oben dann weitergehen, stoßen Sie später wieder auf den Weg am Bach, über den Sie gekommen sind.

An der Lütticher Straße in Kelmis befindet sich der **Casinoweiher**. Er wurde im Jahre 1861 aufgestaut und diente der Bergwerksgesellschaft als Wasserreservoir. Seit dem Ende des Erzabbaus hat der Casinoweiher sich nach und nach zu einer reinen Naturfläche entwickelt, in der ebenfalls eine Reihe von

Pflanzen wachsen, die der sogenannten *Galmeiflora* zugehören. Der Weiher ist etwa 5 ha groß und lässt sich gemütlich zu Fuß umrunden. Sie finden ihn, wenn Sie in Kelmis von der N 3 etwa auf der Höhe eines rechts liegenden Möbelhauses (evtl. inzwischen geschlossen) nach links in die Casinostraße abbiegen und dann sofort auf den großen Parkplatz zur Rechten fahren. Von hier aus beginnt der Weg rund um den Weiher, den Sie bereits hinter den anschließenden Bäumen und Gebüschen erkennen können.

Zu den in der Region nicht eben seltenen geopolitischen Kuriositäten gehörte nach dem 2. Weltkrieg „Bollenien", heute weitgehend vergessen, aber dennoch erwähnenswert. Bollenien, das waren einige geografisch nicht beieinander liegende Gebiete – der Aachener Vorort Bildchen, einst einen Teil von Preußisch-Moresnet, der Flecken Leykaul bei Kalterherberg, die Umgebung von Losheim sowie Hemmeres, ein Weiler süd-östlich von Sankt Vith – die es auf eine Gesamtfläche von gerade einmal knapp 20 km^2 brachten. 1949 wurden die Orte politisch zusammengefasst und als sogenanntes Annexionsgebiet unter belgische Verwaltung gestellt; Chef der Administration war ein gewisser General Paul Bolle, daher rührte der inoffizielle Namen Bollenien. Bollenien und seine Bewohner mussten sich fast ein Jahrzehnt lang mit den Problemen arrangieren, die die fremde Verwaltung mit sich brachte; erst 1958 fielen die 20 km^2 dann endgültig an die Bundesrepublik Deutschland.

» http://www.grenzgeschichte.eu/archiv/Bildchen.pdf

Schließlich wollen wir nicht die **Eyneburg** vergessen, die Sie nach einem romantischen Spaziergang erreichen. Dazu nehmen Sie vom vorhin erwähnten Parkplatz am Casinoweiher den Weg rechts des Gewässers und folgen diesem dann in den Wald entlang der Göhl. Nach einigen Minuten sehen Sie die ersten alten Gemäuer, dann führt der Weg in einer Schleife bergauf. Und schon erblicken Sie rechter Hand die einzige erhaltene Höhenburg im Göhltal, die auch **Emmaburg** genannt wird. Erbaut wurde das imposante Gebäude von einer Familie namens Eyneberghe, deren Besitz bereits im 13. Jahrhundert erwähnt wurde.

Ein Anwesen mit wechselhafter Geschichte bis in die Gegenwart: die Eyneburg

Die Besitzer wechselten in den folgenden Jahrhunderten immer wieder, auch in jüngster Geschichte erlebte sie etliche Nutzungsänderungen. Eine Zeit lang war sie in den 2000er-Jahren für Besucher geöffnet, und es gab ein Burgcafé, von dem nichts übrig geblieben ist außer einer vergessenen Website. Um 2007 war die Eyneburg Kulisse für Szenen des französischen Spielfilms *Die Kinder von Timpelbach* mit Gérard Dépardieu und Carole Bouquet. Heute ist die Eyneburg in Privatbesitz und sorgt für unerfreuliche Schlagzeilen, so im Sommer 2014, als beträchtlicher Schaden durch Vandalismus entstand. Es gab in den vergangenen Jahren eine Reihe von Plänen der Besitzer, draus geworden ist bis heute nichts. So können Sie die Burg nur von außen ansehen, aber auch dieser Anblick lohnt den ohnehin schönen Fußweg bis dort.

Nicht weit von Kelmis liegt der **Weiler Astenet**, zu dem Sie über Hergenrath, das Blumendorf, gelangen. Astenet besteht inzwischen überwiegend aus Neubauten. Dennoch gibt es ein sehenswertes Gebäude dort, das **Château Thor**. Mein Besuch ergibt ein diffuses Bild. Am barocken Torhaus hängt ein Kasten, wie man ihn von Kneipen kennt. Drinnen steckt ein von Wind, Wetter und Sonne stark in Mitleidenschaft gezogenes Papier. Es verkündet, ob seines Zustandes wenig glaubhaft, dass sich im Inneren ein „Romantik Hotel-Restaurant" befindet. Etwas ratlos betrete ich durch das Torhaus den Innenhof. Nichts rührt sich, auf einem Friedhof könnte es nicht stiller sein. Was ich durchaus als positiv ansehe; in einem Romantik-Hotel sollte stets ein gedämpfter Geräuschpegel herrschen, der höchstens von den Paaren in der Hochzeitssuite erhöht werden dürfte. Und auch aus der Restaurantküche wären dezente Geräusche erlaubt.

Hier aber ist es so still, dass es ein wenig verwundert. Zu Hause recherchiere ich, ob das Haus eine Website hat. Es hat. Sie ist dilettantisch bis scheußlich und wirkt ebenso verblichen wie der Zettel im Menükasten draußen. Mein Sinn für Ästhetik wird beim Betrachten auf eine harte Probe gestellt. Solche Seiten habe ich seit den 1990er-Jahren nicht mehr gesehen. Ein Blick in den Quelltext verrät mir, dass sie 2001 erstellt wurde. Offenbar hat aber später noch einmal jemand daran gearbeitet. Die Zimmerpreise sind schon in Euro angegeben.

» www.chateau-thor.com

» www.kelmis.be

Château Thor im Weiler Astenet

DURCH DIE LÖCHER UND IN DIE GARAGE

Oft und gerne wühlt der Belgier in seinen Straßen herum. Was dann zur Folge hat, dass ganze Ortschaften, ja sogar weite Regionen, völlig von der Außenwelt abgeschnitten oder nur über weite Umwege erreichbar sind. Dies alles folgt natürlich einem ausgeklügelten Plan. In den ersten zwei Monaten der offiziell deklarierten Zeit werden zahlreiche Absperrungen, Schilder, Baustellenampeln und Bauwagen herbeigebracht und formlos abgeworfen; in Letzteren können die Arbeiter sich je nach Wetter schützen. Da in Belgien immer irgendein Wetter ist, kommt diesem Bestandteil des Baustellenzubehörs eine besonders wichtige Aufgabe zu.

In den darauf folgenden Wochen füllen sich weitere, dafür bisher nicht vorgesehene Flächen mit Sandhaufen, Steinen, Zementerzeugnissen sowie allen weiteren Paraphernalien, die eine professionell betriebene Baustelle ausmachen. Man lässt sich mit all dem erfreulich viel Zeit, so können sich die Anwohner in kleinen Schritten daran gewöhnen, ihre Autos für unabsehbare Zeit am Ortsanfang (oder -ende, je nachdem, wo die Arbeiten stattfinden) zu parken und danach zu Fuß dem Heim zustreben zu müssen. Das erfordert natürlich gewisse Opfer; im feinen Stoff und mit geputzten Schuhen abends vom Tagewerk nach Hause zu kommen, macht sicher nicht jedem Betroffenen Freude (zudem, ich schrieb es bereits, in Belgien immer irgendein Wetter ist). Doch nimmt man dieses – ebenso wie die oft metertiefen, nicht unnötig abgesicherten Gräben vor den Haustüren – gerne in Kauf, hat man schließlich dank der Baumaßnahmen im Ort für eine lange, sehr lange Zeit Ruhe vor dem Durchgangsverkehr.

Dieser wird, auch das ist Teil der Vorbereitungsphase, umgeleitet, meist weiträumig. Natürlich regiert auch dabei die Professionalität. Und so weisen Umleitungsschilder Ortsunkundigen den Weg. Zumindest ist das der Plan. Dass, über die Gesamtstrecke der Umgehung gesehen, immer mal an der einen und anderen, durchaus prägnanten Abbiegung ein solches Schild fehlt, scheint unabdingbarer Bestandteil der Umleitungsplanung zu sein, denn das tritt mit großer Wahrscheinlichkeit ein. Hier hat der Belgier offenbar beim Franzosen gelernt, der die Kunst des Autofahrer-in-die-Irre-Leitens nahezu perfekt beherrscht.

Millionen Euro muss die wallonische Regierung für beschädigte Autos und verletzte Fahrer jedes Jahr zahlen. Kein Wunder, wenn man solche Löcher sieht.

Ich könnte da Geschichten erzählen, und eine aus jüngster Zeit hatte ich schon niedergeschrieben, aber jetzt gerade gelöscht, da ich mich schon beim Nachlesen wieder aufzuregen begann. Also gestrichen.

Warum der Belgier dies alles tut, will sich nicht immer erschließen, sehen die Straßen doch nach dem irgendwann erfolgten Ende der Maßnahmen oft auch nicht besser aus, als vorher. Ich verstehe von Straßenbau wenig bis nichts, eventuell lagen die eigentlichen Gründe für derartige Aktionen ja unter dem Asphalt. Man weiß so wenig und will auch gar nicht mehr wissen,

Hauptsache, die Straße ist wieder freigegeben. Ob dann eventuell 5 km weiter ... Doch lassen wir das.

Vor allem in den Tiefen der Ardennen gerät man, zum Glück meist auf eher weniger wichtigen Routen, auch auf Straßen, die eindeutig noch nie einer Baumaßnahme ausgesetzt waren. Das freut zwar die Anwohner, ist aber

Ein Schild wie die Straße: derangiert.

dem Fahrzeug wenig bekömmlich. Dabei sind es gerade diese kleinen Straßen, die den ganzen Charme der tiefen Wälder erlebbar machen und auf denen man genau deswegen seine Ausflüge unternehmen möchte. Man sollte jedoch vermeiden, sich hier mit einem älteren Auto, einem Motor- oder Fahrrad oder gar einem britischen Sportwagen hinzuwagen. Diese Straßen sind in einem Zustand, der nur mit dem ähnlicher Strecken in den alten Bundesländern vergleichbar ist, seitdem es die neuen gibt. Oder mit anderen in Belgien. Dann heißt es Schritt fahren, um am Gefährt keinen schweren Schaden zu erleiden. Faustregel für die Geschwindigkeit: Man muss von einem Rollator überholbar sein. Was sich in den Ardennen ohnehin empfiehlt, will man nicht allzu viel von der großartigen Region übersehen.

Zu Beginn der 1990er-Jahre erschienen über Belgien Ufos, also unbekannte Flugobjekte, die dann aber auch wieder verschwanden. Da selbst vertrauenswürdige Personen von solchen Erscheinungen berichteten, wurde das Phänomen ernsthaft untersucht, man kam aber bis heute zu keinen vollständigen und befriedigenden Erklärungen. Ich habe folgende Vermutung: Belgien ist durch seine nachts beleuchteten Autobahnen sehr gut aus dem Weltall zu sehen. Es handelte sich bei diesen Ufos nun tatsächlich um außerirdische Raumschiffe, die die Lampen an den Autobahnen für Landelichter hielten. Also näherten sie sich, um auf diesen vermeintlichen Pisten zu landen. Bis sie dann deren baulichen Zustand sahen ...

Aktualisierung Herbst 2019: Auch vor meinem Haus ist nun seit Monaten eine Straßenbaustelle, wegen der ich jeweils 2 km Umweg hin und zurück fahren muss. So weit, so gewohnt, da klagt man nicht mehr groß. Das angekündigte Ende der Baumaßnahmen ist ohnehin schon seit langem abgelaufen.

Als Schmankerl bietet diese Baustelle zusätzlich den Clou, dass die durch sie verursachte Straßensperrung nicht ausgewiesen ist. Das Ergebnis kann man der Nachricht eines Freundes entnehmen, der mich vergeblich besuchen wollte: „Ich habe gut 10 Minuten gewartet, ob du nicht vielleicht auftauchst. In der Zeit beobachtete ich ein gutes Dutzend Autos, die in diese Falle gerieten und mühevoll in der Baustelle drehen mussten. So wie es mir davor auch ergangen war..."

Sympathische Begegnung: Beim Fotografieren der Eulenburg wurde ich von einem Mopedfahrer angesprochen, dessen vorschriftsmäßig angeschnallte und behelmte Begleiterin mich freundlich beäugte.

Teil 5

TEIL 5: LIMBOURG UND UMGEBUNG (12)

EIN FELSENNEST UND SEINE UMGEBUNG

Anhand einiger Indizien drängt sich die Vermutung auf, dass die Limbourger lieber ihre Ruhe haben wollen, als den Besuchern stolz ihr Kleinod von Felsennest zu präsentieren. Man muss tatsächlich lange suchen, um in der Unterstadt **Dolhain** irgendeinen Hinweis zu finden, der den Weg in die *Ville Haute*, die Oberstadt, weist. Und ist man tatsächlich oben angelangt, sieht

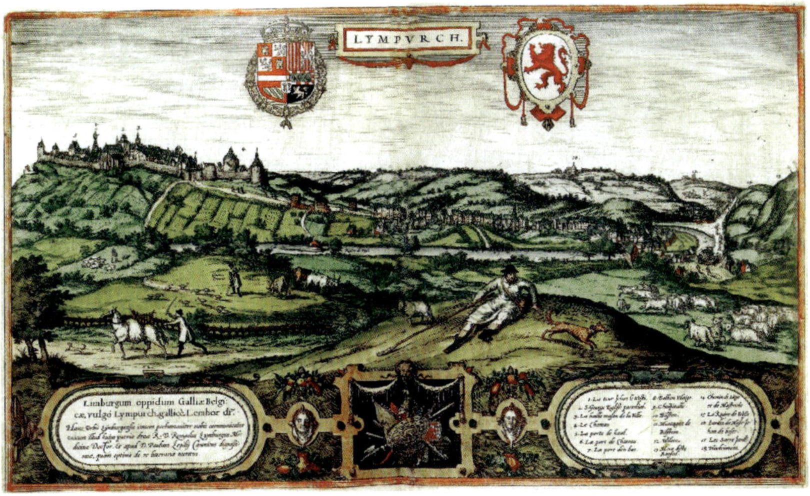

Kolorierte Stadtansicht der Stadt Lympurch (Braun & Hogenberg 1590)

man: Hier fehlt ja jegliche touristische Infrastruktur! Keine Souvenirläden, kein Softeis, nicht mal ein Colaautomat und ein Postkartenständer. Selbst als Ritter oder Landsknechte verkleidete, arbeitslose Geisteswissenschaftler schnüren nicht durch die engen Gassen oder spielen erstarrte Statue. Kurz: Limbourg ist ein Ort, dem jeglicher touristischer Rummel fern ist und der sich einfach selbst genügt. Ein Ort, den man, noblesse oblige, unbedingt besuchen sollte, aber so unauffällig wie möglich.

Limbourg, der Name kommt uns bekannt vor. Und richtig, in der Region taucht der Begriff in verschiedenen Zusammenhängen auf. So heißt die südlichste der 12 niederländischen Provinzen ebenso Limbourg wie die östlichste Provinz der belgischen Region Flandern. Immer wieder begegnet dem Besucher der Name Limbourg, sei es auf Ortsschildern oder beim Blick in die Schaufenster von Geschäften, die Leckereien, wie den Limburgse Vlaaie, anbieten. Ein im Herver Land, das nördlich unmittelbar an Limbourg anschließt, hergestellter Käse macht die Provinz sogar weit über die nähere Umgebung hinaus bekannt, denn man kann ihn, gut gereift, von hier aus mindestens bis Limburg an der Lahn riechen, einer Stadt in Hessen, in der es zwar auch müffelt, aber eher aus anderen Gründen. Limbourger riecht jedenfalls durchaus appetitlicher, wenngleich er, das gebe ich zu, je nach Herstellungsart und Reifegrad, gewöhnungsbedürftig ist. Man könnte seinen Geruch am besten als „Fußnote zur Geschichte Limbourgs" bezeichnen. Kenner wissen, was das bedeutet.

Im Zentrum der Oberstadt

In der *Geschichte eines Invaliden* von Mark Twain ist ein Limbourger Käse Auslöser großer Verwirrung. Da stellt ein Zugreisender sein Paket mit dem geschätzten Käse auf einen ebenfalls per Zug transportierten Sarg, was zur Folge hat, dass der Behauptung des Begleitenden, der Tote sei vor zwei oder drei Tagen gestorben, kein rechter Glaube geschenkt wird. *„Thompson reagierte mit einem verletzten Blick, der klar sagte: ‚Zwei oder drei Jahre, meiner Meinung nach.' Um dann zu ergänzen, es sei eine Torheit, eine Beerdigung so weit hinauszuschieben."*

Wie so ein verschlafenes Nest auf einem Felsen oberhalb des Wesertals zwischen Eupen und Verviers so weitreichende Bedeutung gewinnen (und verlieren) konnte, ist eine sehr, sehr lange Geschichte mit vielen Namen und noch mehr Durcheinander, die zu erzählen den Rahmen dieses Buches sprengen würde. Das alles ist historisch höchst interessant und ließe sich bei einem Besuch der Stadt Limbourg erst richtig erkennen und werten, doch die Geschichte früherer Jahrhunderte und Herrschaftsverhältnisse ist meist wirr und wieder nur in weiteren Kontexten verständlich, und ehe man sich versieht, ist man bei dem Zeitpunkt angelangt, als die ersten Lebewesen die Meere verließen. Wiener Kongress, französische Revolutionskriege, Erbfolgestreitigkeiten, Schlacht von Worringen und dann auch noch die Isenberger Wirren! Sie sehen, das führt alles zu weit ...

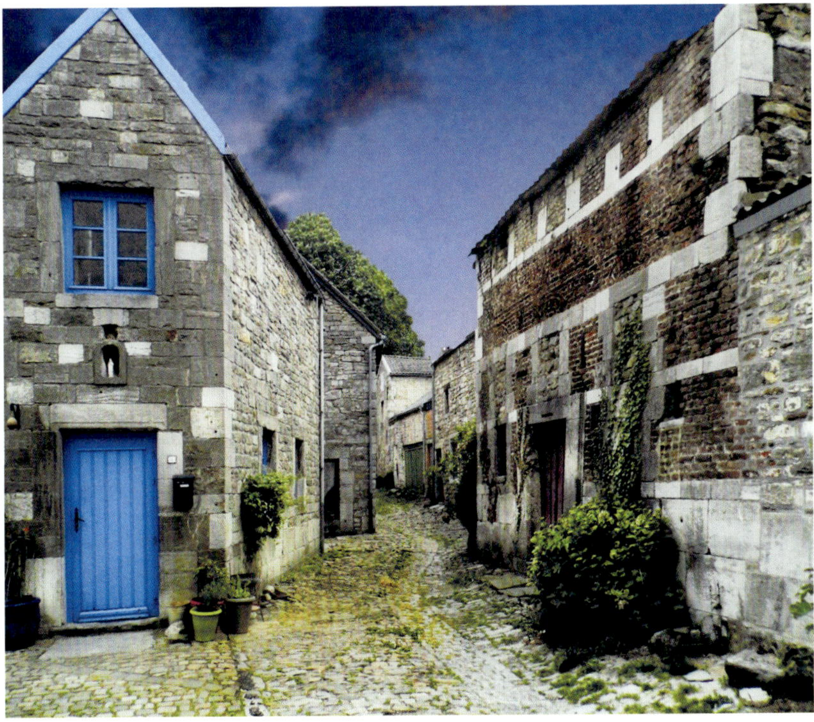

Eine der winzigen Gassen der alten Stadt

Was Sie erwartet: ein Kleinod aus einer anderen Zeit.

Limbourg zu finden, ist also, ich erwähnte es schon, gar nicht so einfach. Die Belagerer und Eroberer früherer Zeiten müssen es leichter gehabt haben, denn regelmäßig tauchten sie auf, machten alles kaputt und zogen dann wieder ab. Doch Sie haben ja dieses Buch und werden einen sehenswerten Ort kennenlernen. Ohne etwas dabei kaputt zu machen.

Wenn Sie von der Autobahn E 40/A 3 kommen und diese an der Ausfahrt Richtung Eupen verlassen, fahren Sie zunächst auf der N 67 durch das vorgelagerte Industriegebiet auf die Stadt zu. Am Ende, dort, wo es nur noch rechts oder links geht, mündet die N 67 in einen Kreisverkehr, den sie gleich wieder nach rechts verlassen. Nun geht es einige Kilometer auf der N 61 weiter geradeaus; sie passieren den alten Ort Baelen, der im Zentrum nicht nur eine Imbissbude, sondern auch zahlreiche schöne, alte Bruchsteinhäuser zu bieten hat. Sehenswert ist zudem der sich spiralig aufrichtende Kirchturm, eine Bauweise, die man auch an einigen anderen Kirchen in der

Region entdecken kann und die ich mir, als Laie im Kirchturmbau, ziemlich kompliziert vorstelle.

» www.baelen.be

Lassen Sie Baelen nun hinter sich und fahren einige weitere Kilometer in westliche Richtung, bis die Straße zunehmend von Häuserzeilen gesäumt wird. Sie haben die Unterstadt Limbourgs erreicht. Sensible Gemüter würden das Ambiente vielleicht mit „zwielichtig" beschreiben, zudem auch der Straßenbelag, wie so oft, zu wünschen übrig lässt, aber da müssen Sie durch. Als Kaiser Heinrich IV. (1101), Willem van Oranje (1577), Alexandre Farnese (1578), Louis II. de Bourbon, Prince de Condé (1675) und John Churchill, erster Duke of Marlborough (1703), gen Limbourg zogen, wird es noch viel schlimmer mit den Straßenverhältnissen gewesen sein. Nehme ich mal einfach so an.

Nun denn – 200 m weiter wird das Ortsbild schon freundlicher, Sie stoßen auf eine Kreuzung, an die sich rechts ein Platz mit Cafés anschließt. Hier heißt es aufgepasst: Halten Sie sich weiter geradeaus, überqueren wenige Meter später den Fluss Weser (Vesdre), der früher wichtig für allerlei längst verschwundene Handwerke und Kleinindustrie im gesamten Tal war und bemerken kurz dahinter links eine ganz und gar unscheinbare, enge Straße, die leicht ansteigt. In diese biegen Sie ab. Folgen Sie ihr, bis sich die Straße y-förmig teilt. Während die linke Hälfte wieder leicht abfällt, geht es rechts bergauf, und zwar ganz ordentlich. Sie ahnen: oben muss das Ziel sein.

Nach dem Passieren einer Art Stadtmauer, eines ansehnlichen Châteaus samt pittoreskem Türmchen und einer Reihe hübscher, alter Natursteinhäuser hinter stabilen Mauern kommen Sie an einen scharfen Linksknick, an dessen Ende Sie sich erneut scharf links halten. Ein plötzliches, sehr brachiales Erwachen sämtlicher Federelemente Ihres Autos lässt Sie wissen: Sie sind da. Sie stehen auf dem zentralen Platz der früheren Festung Limbourg, der den Namen Place Saint-Georges trägt.

Hatte ich eigentlich erwähnt, dass das Tragen festen, möglichst absatzlosen Schuhwerks für einen Besuch Limbourgs geradezu unerlässlich ist? Was Ihnen die Stoßdämpfer des Autos (oder Ihr M. glutaeus maximus, falls Sie

Das denkmalgeschütze Straßenpflaster Limbourgs

zweirädrig unterwegs sind) bereits angedeutet haben, werden Ihre Füße nun bestätigen: Die Pflasterung des Place Saint-Georges ist ausgesprochen rustikal. Wer hier im Sauseschritt unterwegs sein will, kommt schnell an seine Grenzen. Sehen Sie es positiv. Ein solch authentisches Straßenpflaster werden Sie anderswo sehr lange suchen müssen, und Sie haben sich ja nicht nach Limbourg begeben, weil Sie ein Outletcenter mit gefließtem, in alle Richtungen perfekt ausgewogenem Marmorboden erwartet haben. Einem solchen wird wohl kaum eines Tages die gleiche Ehre zuteilwerden, wie den aberhundertausenden Weserkieseln des Place Saint-Georges: die sind nämlich, falls man mir keinen Bären aufgebunden hat, alle mit ihrer genauen Position katalogisiert und stehen unter strengstem Denkmalschutz.

Was für den Rest des Städtchens ebenso gilt. So lange ich Limbourg kenne (und das sind sicher an die 40 Jahre), hat sich nahezu nichts verändert. Ganz früher gab es noch ein weiteres, winziges Café, und das lange Jahre betriebene andere Café, in dem man so leckere Crêpes bekam, hat leider zugemacht. Dafür gibt es nun das *Au Cheval Gourmand*, in dem man ebenfalls angenehm sitzen, essen und trinken kann und das, ich will nicht übertreiben und schätze daher eher konservativ, einige hundert belgische Biere im Angebot hat.

Im Grunde spielt es keine Rolle, in welche Richtung über und rings um den zentralen Platz Sie schlendern beziehungsweise stolpern werden – das ganze Nest ist so klein, dass ein Sichverlaufen völlig unmöglich ist. Nur wenige kleine und noch kleinere Gassen bilden das Wegenetz. Wenn Sie sich ein paar Meter östlich vom Platz halten, haben Sie mit dem Weg *Tilleul* schon die Ortsgrenze erreicht, denn gleich hinter winzigen Gemüsegärten geht es steil abwärts. Einige Schritte, und Sie stehen vor der mächtigen Kirche Limbourgs, die heute in ausgezeichnetem baulichen Zustand ist, da sie zuvor über viele Jahre hinweg restauriert wurde. Vielleicht fallen Ihnen

Blick aus der Galerie „L'Arvo" im früheren Rathaus auf den Place Saint-Georges

beim Umherstreifen hinter den kleinen Wohnhäusern noch kleinere Häuser auf, die zum jeweiligen Anwesen gehören. Diese Häuschen hatten früher (und teilweise sicher auch heute noch) die Funktion des Kellers. Denn einen solchen in den harten Fels, auf dem Limbourg thront, zu graben, wäre viel mehr Aufwand gewesen, als das Bauen der Hinterhäuser, die heute sehr malerisch wirken.

Ein typisches Haus in Limbourg

Wenn Sie ein wenig mehr über Limbourg erfahren möchten, steuern (stolpern) Sie auf das alte Rathaus Limbourgs von 1681 zu, das am Place Saint-Georges liegt und leicht an dem offenen Tor zu erkennen ist, durch das man zum westlichen Ende des Ortes gelangen kann. Im Erdgeschoss befindet sich ein museal eingerichteter Raum, der vor allem von einem Modell Limbourgs geprägt ist, so, wie es dort 1632 ausgesehen hat. Weitere Ausstellungsstücke und Dokumente informieren zusätzlich über die lange

Romantisch überhöht: Limbourg in einer alten Darstellung

Geschichte des heute zumeist schlafenden Nestes hoch über dem Wesertal. Im ersten Stock des Hauses ist die zur Gemeinde gehörende Galerie „L'Arvo – Art & Histoire" zu entdecken, dort finden zwischen Mai und Oktober regelmäßig Kunstausstellungen statt.

Limbourg ist zu allem Jahreszeiten einen Besuch wert. An einem Sommertag vor dem *Cheval Gourmand* bei einem Trappistenbier zu sitzen, ist wunderschön und gehört definitiv in die Kategorie „Gelassen genießen". Ich bin besonders gerne im Herbst dort; wenn die Dämmerung einbricht und die Fassaden und das Trottoir vor den Augen miteinander verwachsen, beginnen die alten Steine zu erzählen. Dazu ein leichter Nieselregen – besser noch Nebelschwaden – und die Illusion ist perfekt und man fühlt sich in eine Zeit zurückversetzt, in der einem tatsächlich plötzlich Ritter oder Landsknechte hinter einer Ecke entgegenkommen könnten. Echte, versteht sich.

Unterwegs in Limbourg

Teil 6

TEIL 6: DAS HOHE VENN (13) (14)

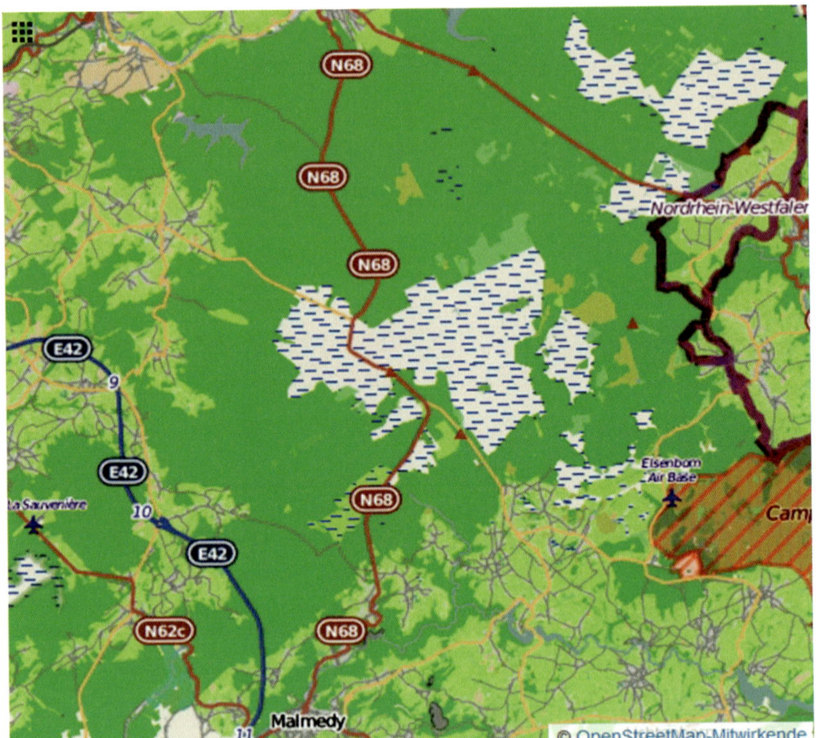

Es ist der 21. Januar 1871. Das Land ist tief verschneit, und ein Schneesturm bringt weitere Kälte und Niederschlag. Franz Reiff und Maria Josepha Solheid sind von Jalhay nach Xhoffraix unterwegs, um dort für ihre geplante Hochzeit die notwendigen Papiere abzuholen. Sie werden nicht ankommen, der harte Winter im Venn fordert seinen Tribut.

Typische Vennlandschaft mit eiszeitlichem Weiher

Unwirtlich, lebensfeindlich, gefährlich: das Hohe Venn abseits der sicheren Pfade

Erschöpft von dem unerwartet schweren Weg über das Moor bricht zunächst die junge Frau zusammen. Franz ist verzweifelt und hinterlässt eine Botschaft bei seiner leblosen Verlobten: „Maria ist gestorben, und auch ich werde bald tot sein." Er versucht, den Weg zurück nach Jalhay zu finden, kommt aber nicht mehr weit, dann sind auch seine Kräfte am Ende. Maria, die noch lebt, erwacht noch einmal aus der Ohnmacht, bricht aber erneut nach wenigen Metern zusammen und stirbt. Die rettende Baraque Michel lag noch etwa 2 km entfernt. Unter diesen Wetterbedingungen eine Unendlichkeit.

Wer schon einmal bei ähnlichem Wetter im Venn unterwegs war, kann vielleicht nachempfinden, wie der Kampf der beiden jungen Leute gewesen sein mag. Ich selbst habe im Tinfay-Venn zwischen Baraque Michel und Xhoffraix für eine Strecke von etwa 300 m einmal fast eine Stunde benötigt. Und das nicht im freien Gelände, sondern auf einem Waldweg.

Und das bei klarem Wetter und im Hellen. Der Schnee war hoch aufgetürmt durch Wind, zudem befanden sich sehr oft unter der Schneedecke tiefe Schlammlöcher, die man vorsichtig finden und dann umgehen musste.

Im Hellen harmlos, im Dunklen Mahre und Trolle: tote Bäume im Venn

DAS MOOR (14)

Das Hohe Venn, jenes weit ausgedehnte Moor- und Waldgebiet rund um Belgiens höchste Erhebung, Mont Rigi (691 m), ist längst aus allen Himmelsrichtungen selbst im Winter ohne weitere Probleme zu erreichen. Das war in früheren Zeiten nicht so. Da waren die Straßen kaum ausgebaut, und im Winter war oft gar kein Durchkommen. Kein Wunder also, dass die Menschen vor drei und mehr Generationen alles andere als romantische Gefühle überkamen, wenn sie an das Venn dachten.

Mehr als 470 km² umfasst das Venn auf belgischem Gebiet, hinzukommen noch einmal 130 km² im angrenzenden Deutschland. 4.500 ha der Fläche

Im häufig vorkommenden Nebel sind die befestigten Bohlenwege besonders nützlich.

sind in Belgien unter Naturschutz gestellt. Und diese Fläche wächst inzwischen weiter, aber nicht, weil sich das Venn etwa ausdehnen würde. Die in früheren Jahrzehnten angelegten, weiten Fichtenpflanzungen werden nach und nach verschwinden. Diese waren die einzige Möglichkeit, aus dem ansonsten ziemlich *unnützen* Moorgebiet wirtschaftlich etwas herauszuholen. Heute sieht man das ganz anders. Naturschutz und Freizeitmöglichkeiten haben einen Stellenwert errungen, der einst gar nicht denkbar war. Damals ging es ums Überleben, das Wort Freizeit war noch nicht erfunden. Also ging man pragmatisch mit der Umwelt um. Wenn einer armen Gemeinde wie dem am Vennfuß liegenden Jalhay zwar große Flächen gehörten, diese aber nichts hervorbrachten, das man in Bares umsetzen konnte, war es nicht verwunderlich, dass man auf den Gedanken kam, aus dem kahlen Moor Torf zu gewinnen oder einen Wald dort zu pflanzen. Freizeit hatte man erst, wenn man nicht mehr lebte und dann hoffentlich im Himmel für die Entbehrungen auf Erden entschädigt wurde.

Woran es im Hohen Venn nie mangelt, das ist Wasser. Als erste Erhebung hinter dem belgischen Tiefland im Westen (und damit Richtung Meer) ist das Vennmassiv eine natürliche Barriere für die vom Atlantik heranziehende feuchte Luft. Im Durchschnitt fällt daher an jedem zweiten Tag Niederschlag. Zwischen Januar und März fällt tüchtig Schnee. Oder *sollte*, aus Sicht der Skiverleiher oben auf den Höhen. Denn ich kann mich an mehr als einen nahezu schneelosen Winter erinnern, in dem es zwar kräftig regnete, für Schnee aber nicht kalt genug war.

Holzstege führen über gefährliche Moorlöcher. Doch ab und an scheinen Moorgeister daran zu sägen.

Von Eupen aus führen zwei Straßen in Venngebiete. Sie gehen vom Kreisverkehr in der Unterstadt ab. Das ist zum einen die N 68 (Richtung Malmedy), zum anderen der Schilsweg (N 67, Richtung Monschau, Wesertalsperre). Nehmen wir zunächst die Straße Richtung Monschau. Sie führt bald ansteigend aus Eupen heraus, den kleinen Kreisverkehr verlässt man bei der ersten Ausfahrt, bleibt also weiter geradeaus. Was folgt, gehörte zu den schlimmsten Kilometern im ohnehin nicht zimperlichen Land der Schlaglöcher. Auf dieser Straße löste sich schon vor Jahrzehnten mein Motorrad in seine Bestandteile auf, und das ist mehr als 30 Jahre her. Leidtragende, die hier offenbar häufig fahren mussten, stellten vor einigen Jahren an ihren Anfang ein großes Schild auf: "Road to hell". 2018 hat sich dann Erstaunliches getan: Die gesamte Strecke bis zur Grenze ist nun durchgehend asphaltiert.

„Haus Ternell" an der Straße von Eupen nach Mützenich. Herberge, Museum, Naturzentrum und Ausgangspunkt für Wanderungen

Ihre nun nicht mehr durchgeschüttelten Knochen können Sie etwa auf halber Strecke im **Haus Ternell** pflegen. Das Naturzentrum Haus Ternell ist seit 1999 ein von der wallonischen Region anerkanntes regionales Zentrum für Umweltpädagogik. Es gibt eine gemütliche Gaststube, ein Museum, einen kleinen Lehrgarten sowie ein umfangreiches Angebot an Veranstaltungen, Kursen und Themenwanderungen. Ausbildungen zum diplomierten Naturführer und erweiterte Qualifizierungen speziell für Vennführungen können ebenfalls hier absolviert werden. Denn große Bereiche des Venns dürfen heute gar nicht mehr betreten werden, andere nur unter der Führung eines ausgebildeten Guides. Und wieder andere von Zeit zu Zeit nicht. Der Grund dafür ist Feuergefahr. Bei Trockenheit kann sich gerade das alte, ausgedörrte Pfeifengras, das überall große Bestände bildet, leicht entzünden. Erst vor wenigen Jahren gab es um Ostern nahe Baraque Michel ein solches Feuer.

Zum Glück sind einige Vennflächen gar nicht gesperrt. Das erlaubt sehr schöne Wanderungen auf eigene Faust. Die wichtigste Regel dabei: stets auf den Wegen bleiben.

Ein paar Kilometer die Straße weiter aufwärts ist man plötzlich vom offenen Venn umgeben. Einen leicht zu gehenden, zudem didaktisch durch Lehrtafeln begleiteten Wanderweg bietet das Brackvenn links und rechts der Straße. Zwei größere Parkplätze stehen zur Verfügung, Wegweiser zeigen an, wo man das Wandergebiet betreten kann.

Sie können Ihren Weg länger oder kürzer gestalten, also nur auf jeweils einer Seite der Straße bleiben oder auch beide begehen. Ich selbst würde Ihnen eine Wanderung auf der rechten Seite vorschlagen. Stellen Sie das Auto auf den unteren Parkplatz (Nahtsief) links der Straße, überqueren dann die Fahrbahn und beginnen gleich dort die Wanderung. Eine Hinweistafel gibt Ihnen erste Informationen. Lassen Sie sich Zeit für den Weg, es gibt so viel zu sehen. Nur denken Sie in der dunkleren Jahreszeit daran, dass es früh dunkel wird. Und bedenken Sie auch, dass vor allem an den Wochenenden ein reger Wanderverkehr herrschen kann – viele Menschen wissen, wie unvergleichlich der Aufenthalt im Moor ist. Wenn Sie ganz und gar die Stille und Einsamkeit des Moores erleben wollen, sollten Sie die Wochenenden eher meiden.

An dieser Stelle ein Hinweis. So naturbelassen das Moor auch auf den ersten Blick wirkt: Sein Bild wurde weitgehend vom Menschen mitbestimmt. Denn der versuchte, selbst aus dem eher unfruchtbaren Gebiet einen Nutzen zu ziehen. Wenn Sie die empfohlene Wanderung unternehmen, werden Sie bald menschliche Spuren entdecken. Hier wurde nämlich einst Torf ge-

wonnen, der getrocknet als Brennstoff diente. An einzelnen Stellen, auf die auch hingewiesen wird, kann man noch genau die Abbaukante erkennen.

Auch die zwischen den Vennflächen verbreiteten Waldareale sind durch Pflanzungen entstanden. Heute bemüht man sich nach und nach um den Rückbau dieser Flächen, damit sie eines Tages wieder den typischen Hochmoorcharakter besitzen. Ein Beispiel ist das Brackvenn. Wenn Sie das links der Straße liegende Moor betrachten, sehen Sie, dass es nicht besonders breit ist. Vielleicht 1,5 km, dann folgt Wald. Auf einer Karte können Sie erkennen, dass hinter diesem Waldstreifen, der etwa 300 m breit ist, ein sehr viel größeres Moor liegt. Später wird das wieder eine durchgehende Vennfläche sein.

Ebenfalls intensiv wird daran gearbeitet, die zahlreichen, noch aus der Eiszeit stammenden und meist kreisrunden Wasserflächen, *Palsen* genannt, vor der endgültigen Verlandung zu bewahren. So sollen wieder mehr offene Wasserflächen entstehen. Sie sehen: Auch das Moor ist stets in Bewegung.

Was an Regen fällt, wird vom Moorboden fleißig aufgesaugt und fließt in Form zahlreicher Bäche und Flüsse zu Tal. Die nach Osten verlaufende Rur entspringt im Venn ebenso wie die nördlich fließende Weser, in westliche Richtung zielt die Hoëgne. Weitere Bäche aus dem Venn sind unter anderen die Hill, die Gileppe und der Polleurbach. Zwei große Talsperren profitieren vom Wasserreichtum. Die Wesertalsperre liegt bei Eupen und versorgt das Eupener Land, das Herver Land, die Vororte von Lüttich und die Stadt Spa mit Trinkwasser. Sie ist leicht zu finden.

Blick von Botrange auf das winterliche wallonische Venn

Man erreicht sie von der Straße nach Mützenich aus. Am Ortsende von Eupen folgt man über den Kreisverkehr dem Wegweiser nach halb links. Ein Ausflug dorthin lohnt sich vor allem für Wanderer, denn die Umgebung des Sees bietet eine Reihe schöner und zumeist nicht sonderlich anstrengender Wege, die auch für eher gemütliche Spaziergänger geeignet sind. Nahe der Staumauer befindet sich ein Besucherzentrum, ein Aussichtsturm und eine Taverne, deren Terrasse bei warmem Wetter ein herrlicher Ort zum Entspannen ist. Neben Kuchen gibt es dort leckere belgische Waffeln mit heißen Kirschen und Sahne. Natürlich erst nach dem Spaziergang ...

» www.eupener-talsperre.be

Die Wesertalsperre bei Eupen

Die Gileppe-Talsperre

Viel älter als die 1950 fertig gestellte Wesertalsperre ist die **Barrage de la Gileppe**, zu der man von Eupen aus durch das Wesertal gelangt. Nach einer Fahrt von wenigen Minuten zweigt an dem Unternehmen Corman nach links eine sehr gut ausgebaute Straße ab, die beständig aufwärts führt. Wer aufmerksam ist, kann am Ende der ersten großen Rechtskurve linker Hand bereits die Staumauer sehen, auf deren Krone ein riesiger steinerner Löwe thront. Wer das Hohe Venn erwandern möchte, findet im Buch **Streifzüge durchs Hohe Venn** von Martina Kasch, ebenfalls bei Meyer & Meyer erschienen, zahlreiche Tourenvorschläge.

DIE WÄLDER

Noch ein kurzes Stück der Straße folgen, dann zweigt die Zufahrt zur Gileppe ab. Neben dem großen Parkplatz sehen Sie bereits einen hohen Aussichtsturm, in dessen Spitze sich ein Restaurant befindet. Fahren Sie unbedingt mit dem Lift nach oben, Sie haben eine grandiose Aussicht auf die Talsperre und die umgebenden Wälder. Wenn Sie gut zu Fuß sind, können Sie die rund 78 m auch zu Fuß machen. 78 m Höhenunterschied wohlgemerkt. Der Bau war zwar bereits 1982 fertig gestellt, aber erst 1996 wurde er offiziell eröffnet. Warum? Fragen Sie nicht, wir sind halt in Belgien. Freuen wir uns schlicht darüber, dass er heute genutzt wird.

Unterhalb des Turms befindet sich ein Tourismus-Center mit Museum und Präsentationsraum, hier kann man vieles über die Region sowie die Nutzung des Wassers erfahren. Zum See hinunter sind es ein paar Stufen, die leicht überwunden werden können. Und schon stehen Sie auf der Mauer, die vom Löwen überragt wird. Er stammt aus den 1870er-Jahren und schaut recht grimmig drein. Was wahrscheinlich damit zu tun hat, dass er in Richtung der damaligen preußischen Grenze guckt, die nur ein paar Kilometer entfernt war. Über das Gesamtgewicht der mächtigen, steinernen Katze herrscht übrigens Uneinigkeit, die Angaben liegen zwischen 130 t und 300 t. Eine doch recht große Spannweite. Sie können sie ja selbst schätzen, wenn Sie zu ihr aufblicken. Nur keine Scheu! Der Groll gegen Preußen dürfte sich inzwischen verzogen haben.

TALSPERREN, FRÜHER UND HEUTE

Auch im Bereich der Gileppe-Talsperre findet man zahlreiche Wanderwege, die meist wenig Ansprüche bei der Bewältigung stellen. Wären nicht die beiden Wasserentnahmetürme in der Mitte des Sees, könnte man leicht vergessen, dass es sich hier um ein künstlich angelegtes Gewässer handelt. Wer einfach nur ein wenig schlendern möchte, geht am Seeufer entlang und genießt die großartige Natur ringsum. Wenn Sie nicht gerade an einem Sommerwochenende hinfahren, ist es gut möglich, dass Sie ganz alleine sind. Bei meinem letzten Besuch an einem Septembertag stand außer unserem nur noch ein weiteres Fahrzeug auf dem Parkplatz.

Warum, so stellt sich zuletzt die Frage, hat man bereits im 19. Jahrhundert eine so mächtige Staumauer erbaut? Um darauf einen Löwen zu setzen, der grimmig nach Preußen guckt? Nein, das würden selbst die Belgier nicht tun. Aber was wollte man dann mit dem ganzen Wasser? Die Region ist nicht so dicht besiedelt, und weit voraus in die Zukunft dürfte man auch nicht gedacht haben. Die Antwort: Das viele Wasser wurde in der Wollindustrie gebraucht. Die gibt es heute zwar nicht mehr, die Talsperre aber erfüllt heute als Trinkwasserreservoir so nützliche Dienste, dass die Staumauer 1971 beträchtlich erhöht wurde. Das wird auch den Löwen gefreut haben, dessen Blick seither noch weiter streift. Wobei: Preußen gibt es ja auch nicht mehr ...

Und nun ein Geheimtipp. Geheim, weil auch ich diesen Ort erst im vergangenen Sommer entdeckt habe. Wenn Sie den Bereich der Gileppe-Talsperre wieder verlassen und sich nicht zurück Richtung Eupen halten, sondern nach links, wieder bergauf, sehen Sie nach knapp 1 km ein Haus aus Natursteinen, hinter dem ein im Sommer sehr beliebter Campingplatz liegt. Diesem Haus gegenüber biegen Sie in eine Straße nach rechts ab, die ziemlich eng, ziemlich holprig und bald ziemlich steil ist. An der Abzweigung steht ein Schild mit einer britischen und kanadischen Flagge. Es weist zu einem Gedenkstein für nicht weit von hier im Zweiten Weltkrieg ums Leben gekommene Flieger aus diesen Ländern. Sie werden den Gedenkort bald passieren, machen Sie hier ruhig eine kurze Rast. Danach führt die Straße weiter bergab, bis Sie in der Senke rechts einen großen Teich sowie einige kleinere Bauten sehen. Hier können Sie parken oder das Rad abstellen oder die Füße kurz entspannen.

PÊCHERIE DU FOYEURU – DAS ANGLERPARADIES

Sie sind an der **Pêcherie Du Foyeuru** angekommen. Das ist ein Paradies für Angler, bestehend aus einer Reihe von Angelteichen sowie einer Art Holzhaus mit Terrasse. Glauben Sie mir: Ein hübscherer Ort, um einen sonnigen Sommernachmittag zu verbringen, dürfte selbst in Ostbelgien nicht so leicht zu finden sein. Das Holzhaus erweist sich als grundsolide Petite Restauration, deren Spezialität natürlich frische Forellen sind. Man kann von der Karte einfache, aber lecker zubereitete Gerichte bestellen, dazu vielleicht ein einheimisches Bier trinken oder einen Kaffee und dabei den rings um die Teiche sitzenden Anglern zusehen. Was in Japan der Zen-Garten, das ist in Belgien der Angelteich.

Ein verstecktes Idyll: die Pêcherie du Foyeuru

Das ganze Ambiente hat etwas grundsympathisch Charmantes an sich, wie man es sonst vielleicht noch in Frankreich finden mag. Ein bisschen vergammelt alles, aber so, dass man sich sofort heimisch fühlt. Der Ort ist im schönsten Sinne authentisch und vorwiegend für die Leute aus der Umgebung geschaffen, an Tourismus denkt man hier offenbar überhaupt nicht. Von Mitte März bis Mitte Dezember ist die Pecherie an den Wochenenden und an Feiertagen geöffnet, von Mitte Juli bis Mitte August auch in der Woche. Wenn Sie mich nach meinen Lieblingsorten in Ostbelgien fragen: das hier ist einer von ihnen.

» users.skynet.be/pecherie.foyeuru/pecherie-de-foyeuru.html

HIMMLISCHES LEUCHTEN IN JALHAY (15)

Von der Gileppe-Talsperre aus erreichen Sie nach wenigen Fahrminuten **Jalhay**.

In diesem am Fuß des Venns gelegenen Dorf spielte sich vor wenigen Jahren ein wahres Wunder ab. In der guten Stube des Ehepaars Lefloch begann im Januar 2014 eine Madonnenstatue zu leuchten, sobald es dunkel wurde. Tatsächlich, man konnte das fromme, aus dem benachbarten Pilgerort Banneux stammende Figürchen deutlich erkennen. Die Kunde von dieser Marienerscheinung, immerhin der ersten seit gut 80 Jahren in der Gegend, machte sogleich die Runde, und wenige Tage später standen lange Schlangen von frommen Pilgern vor der Wohnzimmertüre der Leute. Die örtliche Polizei wurde des Verkehrs kaum mehr Herr, auch dürfte es zum ersten Mal seit der ältesten urkundlichen Erwähnung von Jalhay aus dem Jahre 1012 Parkplatzprobleme gegeben haben. Der eher beschauliche Ort verwandelte sich für einige Wochen in einen wahren – nein, Hexenkessel darf man in diesem Kontext nicht sagen. Die Pilger, im Schnitt 500 pro Tag, waren teils von weit hergekommen, und von *weit her* heißt *wirklich* weit her. Also nicht aus Eupen oder vielleicht auch Lüttich, sondern aus aller Welt. Was ich persönlich für das eigentliche Wunder halte.

So etwa dürfte sie ausgesehen haben, die Madonna von Jalhay.

Nun ja, es erwies sich dann leider rasch, dass hier ein sehr natürlicher Vorgang das Leuchten hervorgerufen hatte. Beta-Zinksulfid heißt der Stoff, den Wissenschaftler aus Lüttich entdeckten, ganz und gar nichts Wunderbares. Das Mineral war offenbar Bestandteil des Marienanstrichs. Selbst die Kirche war erleichtert ob dieser geerdeten Erklärung. Ein zweiter Wallfahrtsort neben Banneux, das wäre zu viel Konkurrenz für den dortigen Devotionalienhandel gewesen.

Immerhin hatte der Lütticher Bischof tröstliche Worte für die Pilger von nah und fern parat: Ihre Gebete vor Ort seien durch das Beta-Zinksulfid nicht etwa verfallen; dies gelte auch für die geschehenen Heilungen, von denen zumindest berichtet wurde. Der Mann hatte natürlich recht. Auch das Beta-Zinksulfid wurde schließlich vom Grundgütigen erschaffen! Falls Sie also planen, einen Wallfahrtsort zu gründen, müssen Sie deshalb nicht einmal schwindeln; jedenfalls nicht so ganz richtig. Unter dem Namen *Wurzit* können Sie Beta-Zinksulfid im gut sortierten Mineralienhandel kaufen. Und vielleicht stehen dann bald auch in Ihrer guten Stube Menschen aus aller Welt.

Inzwischen steht die Mirakelmaria nicht mehr auf der Anrichte, sondern im uralten Wehrturm der Kirche von Sart, einem Nachbardorf.

Zu Jalhay gehört auch das hübsche, überwiegend aus alten Bruchsteinhäusern bestehende Dorf **Solwaster**, von dem aus Sie eine wildromantische Wanderung entlang eines der schönsten Bäche der Region unternehmen können. Es ist die **Hoëgne**, die im ersten Teil ihres Laufs **Polleur** heißt und im gleichnamigen Venn bei Mont Rigi auf 660 Höhenmetern beginnt. Die Hoëgne ist ein richtiger Wildbach, die, bei stetig sich verstärkendem Gefälle, immer munterer wird, je nach Jahreszeit und Niederschlag sogar reißend. Für Wanderer und Naturfreunde ein wunderbarer Ort, wie man ihn kaum außerhalb eines Hochgebirges vermuten würde.

Die Gemeinde Jalhay stellt auf ihrer Website (leider nicht mehr deutschsprachig) eine Reihe von Wandervorschlägen zum Download bereit, darunter natürlich auch Touren entlang der Hoëgne. Diese Flyer sind sehr sorgfältig erstellt und unbedingt zu empfehlen, wenn man rings um Jalhay und seine Gemeinden genussvoll wandern möchte. Ebenfalls können Sie der Website entnehmen, wo Sie vor, während oder nach einer Wanderung einkehren können, an Cafés und Restaurants mangelt es nicht. Und natürlich auch nicht an Imbissbuden, wir sind schließlich in Belgien.

Die Website von Jalhay hat die Adresse
» www.tourismejalhaysart.be

Von Jalhay aus können Sie die historische Altstadt von Limbourg leicht erreichen. Wenn Sie also schon einmal hier sind und Limbourg (dem das Buch ja ein eigenes Kapitel widmet) sehen wollen, folgen Sie der N 672, Richtung Verviers. Kurz nach dem Ortsende von Jalhay, erkennbar am Schild *Geschwindigkeit 70 km*, biegt eine Straße halb links nach Spa ab. Sie bleiben aber auf der N 672 und folgen ihr. Nun ein wenig aufpassen! Am Ende einer lang gezogenen Linkskurve sehen Sie zunächst ein Wohnhaus aus Bruchsteinen, dann eine Straßeneinmündung und danach ein auffälliges Wohnhaus mit hellen Ecksteinen. Vor diesem Haus biegen Sie rechts ab (nicht ganz scharf rechts, sonst kommen Sie zurück zum Angelteich).

Wenn Sie genau hinsehen und nicht gerade ein Auto davorsteht, erkennen Sie an dem auffälligen Haus eine kleine braune Hinweistafel, die zur *Ville Historique* von Limbourg weist. Dieser Straße, die einige schöne Ausblicke über das tiefer gelegene Land bietet, folgen Sie einige Kilometer. Achtung, es gibt eine größere Kreuzung, an der, wie in Belgien oft üblich, rechts vor links gilt, ein X-Schild weist darauf hin. Ein Stück weiter, hier steht eine Kapelle, macht Ihr Weg einmal einen Links-rechts-Knick, vor dem es auch nach rechts geht. Genauer: ginge. Denn Sie folgen dem Knick hinter der kleinen Verkehrsinsel weiter geradeaus. Kurz danach sehen Sie bereits am vorderen Horizont die Spitze der Limbourger Kirche, weiter dahinter die Wiesenlandschaft des Herver Plateaus. Dann passieren Sie das Schild *Hors les Portes*, was so viel heißt wie *Vor den Toren*. Und da sind Sie auch: Noch ein paar Meter, und Sie sind in Limbourg. Was Sie dort erwartet, können Sie im diesem Kleinod gewidmeten Kapitel nachlesen.

Sollten Sie heute nicht nach Limbourg wollen, ist **Jalhay** der richtige Ort, vom dem aus Sie sich dem Hohen Venn nähern können. Von der Gileppe-Talsperre kommend, biegen Sie in Jalhay nach links auf die N 672, die sogleich bergauf führt. Am Ortsende senkt sie sich noch einmal ab, um anschließend weitgehend geradeaus aufwärts zu ziehen. Mit jedem Meter kommen Sie nun der sehr eigenen Klimazone des Hohen Venns näher. Im Winter kann man das manchmal sehr bildlich erleben. Wenn in Jalhay kein Schnee liegt, oben aber wohl, bemerken Sie an den Straßenrändern und im Wald seitlich der Straße beim Hochfahren nach und nach dichter werdenden Schnee. Auf dem Plateau liegt schließlich eine geschlossene Schneedecke, die man nicht erwartet hätte, liegen doch gar nicht so viele Höhenmeter zwischen Jalhay (oder einem beliebigen anderen Ort am Rand des Venns) und dem höchsten Punkt bei **Botrange**, den die Belgier mit einem Trick auf genau 700 m geliftet haben: Sie bauten eine zusätzliche Kuppe, die per Treppe bestiegen werden kann. Was ich mir bis heute erspart habe.

BARAQUE MICHEL

Die N 672, über die Sie bergauf gefahren sind, mündet in die von Eupen kommende N 68, die wichtigste Straße, die den Norden mit dem Süden verbindet. An der Einmündung biegen Sie rechts ab, und schon sehen Sie um sich herum die ersten Vennflächen, zunächst noch mit dichterem Baumbewuchs, der dann aber mit jedem weiteren Meter dünner wird. Und dann sind Sie oben auf dem Plateau angekommen. Es mag reizen, hier gleich mal

Ist das Wetter richtig ka...tastrophal / rette dich in die Baracke. La Baraque Michel

Für Pilzsammler sind die Wälder des Hohen Venns ein Paradies. Wenn man sich mit Pilzen auskennt.

anzuhalten, um sich den großartigen Anblick in Ruhe zu gönnen, aber warten Sie noch eine Minute – das bald auftauchende Gebäude ist ein besserer Halteort: die legendäre **Baraque Michel**.

Es war zu meiner Schulzeit, ich war 14 oder 15 Jahre alt. Zwei Mitschüler, des schulischen Lernens fürs Leben überdrüssig, hatten beschlossen, „abzuhauen". Sie wollten, wenn ich mich recht erinnere, nach Südfrankreich, weshalb auch immer. Ich war in den Plan eingeweiht, hielt ihn aber für ziemlich hirnrissig und beschränkte mich darauf, den beiden gute Reise zu wünschen. Was leider nicht viel nützte: Vor der Baraque stehend, wurden sie von der Gendarmerie aufgegriffen und nach Hause gebracht. Eine ziemliche Schmach für die Ausreißer. Statt nach Marseille (wo sie, wie man später erfuhr, auf irgendeinem Schiff anheuern wollten) waren sie nur bis zu einer „Baracke" gekommen. Der Spott der Klassenkameraden war ziemlich ätzend. So ätzend, dass einer der beiden es wenig später noch einmal alleine versuchte. Diesmal kam er immerhin bis Narbonne. („Bis *wo* bist du gekommen? Bis *nach Bonn?*" Oh, oh. Jugendliche können so grausam sein.)

Das Hohe Venn ist kein Gebirge, in dem es ständig hoch- und runtergeht. Zwar gibt es einige tief eingeschnittene Bachtäler, und man muss auch erst einmal nach oben kommen, aber danach bewegt man sich im Wesentlichen auf einem Plateau. Darauf entstand über einen sehr langen Zeitraum das Hochmoor. Durch die besonderen klimatischen Bedingungen der Hochebene entwickelte sich eine angepasste Flora. Über Jahrtausende hinweg hat sich aus den abgestorbenen Resten der Pflanzen eine meterdicke Torfschicht entwickelt. Pollenanalysen dieser Schichten geben Aufschluss darüber, wie sich die Vegetation vor Tausenden von Jahren zusammensetzte. Es gibt Torfschichten von 7 m Dicke. Da pro Jahr ein Millimeter neu dazu- kommt, kann man sich leicht ausrechnen, wie alt der vorhandene Torf im Hohen Venn insgesamt ist. Früher interessierte das niemanden. Damals war wichtig, dass getrockneter Torf ein gutes Brennmaterial war, für das man zwar Arbeit investieren musste, das ansonsten aber nichts kostete. Ebenso selbstverständlich holzte man den Baumbewuchs ab, damit die Köhler aus dem Buchenholz Holzkohle herstellen konnten. Fragen nach Naturschutz, Nachhaltigkeit oder Freizeitangebot in ihrem Lebensumfeld hätten die Vennbewohner noch vor wenigen Jahrzehnten nur mit einem verständnislosen Blick quittiert.

Baraque Michel, die Michelshütte, wurde um 1811 auf dem Plateau des Hohen Venns erbaut. Was Michel Henri Schmitz, der aus dem Rheinland stammte, hierher verschlagen hat, erzählt eine Legende. So soll Schmitzens Michael einst selbst durch das Venn orientierungslos geirrt sein. Er war seinem Ende bereits recht nah. Ja, der Verstand hatte ihn bereits verlassen, und zuletzt begann er zu beten. Würde der Grundgütige ihn erretten, würde Michel zum Dank hier eine Hütte bauen. Im selben Moment, so geht die Legende weiter, sei ihm wieder klar geworden, wo er hin müsse. Michel Schmitz kam wohlbehalten an seinem Ziel an, erholte sich und kehrte dann an die Stelle zurück, wo er sein Gelübde getan hatte. Zunächst war es nur eine bescheidene Hütte, aber nach Michels Tod widmete seine Witwe das Anwesen in eine Herberge für Reisende um. Eine gute Idee, denn in dem unwegsamen und gefährlichen Gebiet war eine solche Bleibe von großem Nutzen. Eine auf dem Haus installierte Glocke wurde geläutet, wenn es dunkel und neblig war. Auch dies ein unschätzbarer Dienst, mehr als 120 Menschen wurden im 19. Jahrhundert auf diese Weise gerettet.

MONT RIGI (22)

Zu Beginn stand die Baraque auf preußischem Boden. Mit der Gründung Belgiens 1830 entstand ein neues Hindernis: Noch heute findet man alte Grenzsteine im Venn, so auf dem Weg von der Baraque zum **Kreuz der Verlobten** oder im gegenüberliegenden Venn entlang dem Hillbach. Bis Herbst 2017 gab es an der Straße, 2 km entfernt in Richtung Malmedy, eine weitere Herberge, Mont Rigi. Ihr Wahrzeichen war eine seltsame bucklige Gestalt, die auf einem Galgen saß: Gilles.

DIE LEGENDE VON GILLES

Gilles Mansfeld, so hieß der Unglückliche, war um 1880 Schäfer im Dienst des Gasthofs. Er muss ziemlich gruselig ausgesehen haben, berichtet wird von einem Buckel und einem Gesicht, das glauben lassen konnte, seine Mutter habe einmal etwas mit dem Glöckner von Notre-Dame gehabt. Gewiss zu Recht existiert kein Foto von ihm. Doch ansonsten scheint Gilles ein ganz normaler Mann gewesen zu sein. Er fühlte sich nun mit der Zeit einsam, denn die Schafe reichten ihm nicht mehr als Gesellschaft und zum Zeitvertreib. Gilles verliebte sich in eine junge Frau; soweit ich weiß, eine Bedienstete in der Herberge. Ob die von jemandem träumte, der etwas vorzeigbarer war? Man weiß es nicht. Was man weiß, ist, dass sie den Schäfer abwies. Der sah nun keinen Grund mehr, sein Leben weiter fortzusetzen, und so entleibte er sich an einem Abend des Jahres 1884, indem er sich erhängte.

Damit allerdings war die Tragödie nicht zu Ende. Denn Gilles erschien kurz darauf der Auserwählten im Venn. Die war entsprechend überrascht und

Gilles lädt zum Verweilen in Mont Rigi ein.

erschrocken, schließlich lag er begraben unter dem Torf. Als dann auch noch andere Reisende davon berichteten, dass Gilles ihnen begegnet sei, sorgte das für eine ziemliche Aufregung. Die Gendarmerie befasste sich mit dem Fall, kam aber nicht recht weiter und stellte die Ermittlungen ein. Für die bis heute immer wieder zu beobachtenden Irrlichter rings um Mont Rigi werden offiziell andere Gründe genannt.

Geschichten dieser Art gibt es eine große Anzahl, und nicht alle sind so eindeutig wahr wie die von Gilles. Damit nicht genug. Neben Geistern und Irrlichtern hat es dort oben in der Einsamkeit auch Verbrechen wie Überfälle und Schlimmeres gegeben. Kaufleute, die mit ihren Waren das Venn überquerten, wurden ausgeraubt und nicht selten umgebracht. Das Venn ist selbst heute noch ein ideales Gebiet für Gelichter und Strauchdiebe aller Art. Vor einigen Jahren erst überfielen Anhänger des 1. FC Köln auf der Strecke zwischen Eupen und Baraque Michel einen Bus mit Fans von Borussia Mönchengladbach ...

Als das Restaurant Mont Rigi 2017 schließen musste (die Besitzer haben neue Pläne mit dem Gebäude) und der Pächter umzog, verschwand auch Gilles spurlos. Ich forschte nach, wo er geblieben war, zu gerne hätte ich ihm an meinem Haus einen neuen Platz geschaffen. Doch vergeblich. Ich erfuhr, dass die scheinbar so massive Figur nur eine Plastik aus Draht und Pappmaché gewesen war. Und die stürzte bei der Demontage ab und ging dabei für immer kaputt. Sein Geist allerdings...

Blick über das Polleurvenn, das auch für ungeübte Wanderer geeignet ist.

DAS POLLEURVENN (22)

Nur wenige Meter hinter dem früheren Restaurant *Mont Rigi* öffnet sich das Venn, und ein Teilstück, das **Polleurvenn**, wurde so gut mit einem Rundweg erschlossen, dass auch ungeübte Spaziergänger einen guten Eindruck von einem Moor gewinnen können. Das Polleurvenn kann zu jeder Jahreszeit und selbst an Tagen, wo andere Gebiete wegen Brandgefahr gesperrt sind, betreten werden. Dabei ist das 54 ha große Areal keineswegs ein *Venn light*. Es enthält alles, was diese Vegetationszone so interessant und einmalig macht. Anders ausgedrückt: Sie können auch hier im Moor versinken, wenn Sie nicht auf den Wegen bleiben.

Der Rundweg, der kaum Steigungen aufweist, lässt sich in etwa anderthalb Gehstunden gut bewältigen; am unteren Ende (von Mont Rigi aus gesehen) können Wanderer mit etwas mehr Kondition noch einen Abstecher entlang des Polleurbachs machen, der landschaftlich besonders eindrucksvoll ist. Doch auch ohne diese Extratour ist eine Wanderung im Polleurvenn ein großes Erlebnis, vor allem für diejenigen, denen eine solche Landschaft bisher ganz unbekannt ist. Übrigens kommt man im Polleurvenn an einer Messstation der Uni Lüttich vorbei, die Wetterdaten sammelt und auswertet.

So urtümlich das Moor auch überall wirkt: es ist nicht wirklich eine rein natürlich entstandene Landschaft. Vor allem der Torfabbau hat das Profil der Vennflächen stark verändert. Im Polleurvenn sehen Sie erhaltene Torfabbaustellen, teils noch offen, teils in Form von scharfen Bodenkanten, die nicht natürlichen Ursprungs sein können.

Das weite, offene Gelände, das den Besucher an nordische Tundra erinnern mag und ihm besonders „naturbelassen" vorkommt, war nicht immer so. Hier standen früher Buchen-, Eichen- und Birkenwälder. Deren Holz war begehrt, für Bauzwecke, aber auch zur Herstellung von Holzkohle. Noch bis in die jüngere Vergangenheit wurde aus den Hochflächen Holz gewonnen. Übrig blieb das, was wir heute als Naturschutzgebiete zu erhalten versu-

Im Winter sehen die Pfeifengrasbüchel wie Köpfe kurz vor dem Versinken aus.

Auf dem Weg zum „Kreuz der Verlobten"

chen. Seit einigen Jahrzehnten schon sind weite Bereiche der Moore zur Gänze gesperrt, um die Natur vor allen denkbaren äußeren Einflüssen zu bewahren. Auch leben dort seltene Tiere wie das Birkhuhn. Doch es bleiben für Naturliebhaber und Wanderer genug Flächen, die frei betreten werden dürfen. Wenn nicht die rote Fahne weht.

Etwas von der Straße versetzt steht nahe Baraque Michel die **Kapelle Fischbach**. Sie sollte früher mit einem Leuchtfeuer in der Laterne auf ihrem Dach die Orientierung für Wanderer erleichtern. Zusätzlich wurde ihre Glocke geläutet. Der Kabarettist und Vennkenner Hubert vom Venn erzählte mir einmal von einer Mitternachtsmesse, die zu Weihnachten dort abgehalten wird und sehr romantisch sei. Seit vielen Jahren nehme ich mir vor, dann einmal hochzufahren, aber bisher ... nun ja.

Gleich hinter der Kapelle beginnt ein überwiegend aus Knüppelpfaden bestehender Wanderweg ins Moor, den man selbst als ungeübter Wanderer leicht bewältigen kann. Etwa 2 km diesen Weg entlanggegangen, kommt man an das **Kreuz der Verlobten**, daneben steht ein alter Grenzstein, der das damals junge Belgien und Preußen trennte.

Vor allem an Wochenenden ist der große Parkplatz gegenüber der Baraque überfüllt, und ein Blick auf die Autokennzeichen zeigt, dass die Besucher längst nicht nur aus der näheren Umgebung stammen.

BOTRANGE (23)

Ein weiterer Anziehungspunkt für Besucher ist **Botrange**. Mit 694 m ist die Kuppe, wenige Kilometer von Mont Rigi und Baraque Michel entfernt, die höchste Erhebung Belgiens. Von dort kann man zwar auf den in etwa 30 km Luftlinie liegenden Vaalserberg hinunterschauen, der mit seinen 323 m die höchste Erhebung der Niederlande ist, aber ganz zufrieden war

Auf dem Dach des Venns: Botrange

Blick aufs wallonische Venn. Im Vordergrund wächst Wollgras, eine typische Moorpflanze.

man im Königreich damit nicht. Und so wurde ein Hügel aufgeschüttet, um die fehlenden 6 m zu ergänzen. Den kann man mittels einer Treppe besteigen und befindet sich dann 700 m über Ostende.

1933/34 errichtete man neben dem Hügel einen Turm, der seit vielen Jahren eine Sendeanlage trägt. Zu Füßen des Turms lädt eine gemütliche Brasserie zum Verweilen ein, dort gibt es vorzügliche Reisfläden und Blaubeerkuchen sowie ein recht preiswertes Drei-Gänge-Menü und weitere Spezialitäten à la carte.
» http://www.lesignaldebotrange.be/

Gegenüber Botrange öffnet sich ein herrlicher Blick über weite Vennflächen, nirgendwo sonst im Hohen Venn hat man ein so grandioses Panorama wie hier. Sie können entlang dieses *wallonisches Venn* genannten Moores spazieren, das Betreten ist hingegen nur in Begleitung eines offiziellen Führers erlaubt. Im wallonischen Venn entspringen die Hill und die Rur, die es immerhin bis zur Maas bei Roermond schafft.

Wenig unterhalb der Botrange führt ein asphaltierter Weg nach rechts. Dort befindet sich das **Naturparkzentrum Botrange**. Es setzt sich für die Restaurierung, die Erhaltung und die Förderung des Hohen Venns ein. Zu dieser Förderung gehört vor allem die Unterstützung eines sanften Tourismus. Dies bedeutet, Naturschutz und Entwicklung von touristischen Infrastrukturen in Einklang zu bringen. Interessenskonflikte sind hier denkbar, auch wenn niemand mehr mit Torf heizen wollte oder gar einen Kohlenmeiler errichten möchte. Wie aber bringt man zum Beispiel den notwendigen Schutz für Flora und Fauna in Einklang mit den legitimen Interessen der Menschen am persönlichen Erleben? Wenn große Gebiete gesperrt sind, wo bleibt dann der Wunsch von Naturliebhabern und Wanderern, genau solche Gebiete kennenzulernen? Das Naturparkzentrum Botrange leistet hier wichtige und durchaus spannende Aufklärung und Information in Form von ständigen und wechselnden Ausstellungen.

» www.botrange.be

Seit 2018 gibt es auf der Höhe des Hohen Venns zwei neue, besuchenswerte Adressen. Da ist zum einen die Brauerei Peak, wenig unterhalb von Botrange in Richtung Sourbrodt. Es handelt sich um ein imposantes, modernes

Die neue Brauerei Peak bietet neben ihren Bieren auch bodenständige Speisen und einen spektakulären Blick über Venn und Ardennen.

Gebäude, das neben der zu besichtigenden Brauerei eine große Gaststube sowie eine weite Terrasse mit spektakulärem Ausblick auf das davor liegende Venn bietet. Vier Biersorten gibt es bisher, darunter eine, zu deren Bestandteilen Blaubeeren aus dem Venn gehören; außerdem pflegt man die Tradition, je nach Jahreszeit zusätzlich spezielle Biere zu brauen. Ausgeschilderte Wanderwege starten gleich um die Ecke, und die Brasserie sorgt für das leibliche Wohl.

Peak Beer Brasserie
Rue de Botrange 123
4950 Sourbrodt
» http://peakbeer.be/de/home

Zweihundert Meter weiter Richtung Sourbrodt betreibt der frühere Wirt des Mont Rigi seit 2018 ein Feinschmeckerrestaurant, das Petit Mont Rigi. Preislich etwas anspruchsvoller, dafür aber nicht nur geografisch, sondern auch kulinarisch auf der Höhe. Die Küche ist französisch-belgisch orientiert, die Karte enthält einige Standardposten wie Rinder-, Geflügel- und Fischgerichte sowie je nach Jahreszeit spezielle Menüs, zum Beispiel mit Wild. Ein sympathischer Ort, der sich bereits innerhalb kurzer Zeit in der gastronomischen Welt der Region fest etabliert hat. Leider hat es Gilles, das alte Wahrzeichen der Brasserie Mont Rigi (an anderer Stelle im Buch zu finden), nicht bis hier geschafft. Heute verkörpert ein stilisierter Hirsch das Erscheinungsbild der „Bistronomie" Petit Mont Rigi.

Le Petit Mont Rigi
Route de Botrange 105
4950 Robertville
» http://www.mont-rigi.be/

GEHEIMTIPP: LONGFAYE UND DIE CASCADE DE BAYEHON (24)

Meine liebste Stelle im Venn ist ganz unspektakulär, aber dafür umso typischer für dieses von Wasser, Wind und Wetter geprägte Gebiet. Auch findet man eine eher seltene Pflanze, den **Wacholder**. Und zumeist ist man dort ganz alleine für sich. Folgen Sie mir? Fein.

Erste Bedingung: Sie sollten Gummistiefel tragen oder zumindest wasserfestes, trittsicheres Schuhwerk. Zweite Bedingung: Sie sind einigermaßen gut zu Fuß. Denn ein Teil des Weges ist nicht einfach zu gehen.

Gut versteckt: Eine kleine Vennfläche in der Nähe von Longfaye mit Wacholderbewuchs

Von Mont Rigi kommend, folgen Sie der N 68 Richtung Malmedy. Nachdem Sie den Wald auf der Höhe des Plateaus hinter sich gelassen haben, biegt wenig später erst eine Straße nach rechts und dann eine nach links ab. Sie nehmen die linke, ausgeschildert sind hier Robertville, Xhoffraix und Longfaye. Folgen Sie der Straße durch das Dorf Xhoffraix, in dem einige

Häuser durch hohe, alte Buchenhecken vor dem Schnee geschützt werden. Das kennt man auch aus manchen Eifeldörfern; diese Hecken sind oft sehr alt. Nach einer lang gezogenen Rechtskurve sehen Sie einen Wegweiser, der nach links zeigt (Robertville, Ovifat, Longfaye). Folgen Sie dieser Straße, sie führt kurvenreich durch viel Wald bis nach Longfaye. Nun aufgepasst – im Ort teilt sich die Straße, Sie biegen an dieser Stelle halb links ab, und die Straße führt jetzt leicht bergauf. Falls Sie mit dem Auto unterwegs sind, sollten Sie dieses hier stehen lassen und den weiteren Weg zu Fuß machen, es gibt oben keine Parkmöglichkeit.

Folgen Sie der asphaltierten Straße weiter bergauf, bis sie zuletzt einen scharfen Linksknick macht. Kur vor diesem Knick biegt nach rechts zwischen einer Viehweide und einem Gehölz ein unbefestigter Weg ab. In diesen gehen Sie hinein und folgen ihm einige Minuten. Es umgibt Sie friedliche Stille. Bald erkennen Sie zur Linken typische Moorpflanzen, vor allem die charakteristischen Büchel des Pfeifengrases.

Die alte Eiche von Longfaye im Winter

Kurz nach einer Schranke sehen Sie links des Weges an einem Bachlauf einen kleinen Steg, der übers Wasser führt. Spätestens hier freuen Sie sich über Ihre Gummistiefel, der Boden wird matschig und rutschig. Wurzeln erschweren das Vorwärtskommen zusätzlich, und manchmal hängen Äste so tief herab, dass Sie sich durchkämpfen müssen. Aber lassen Sie sich nicht abschrecken, es ist nur ein kurzes Stück. Ein, zwei gestolperte Minuten später, und Sie sehen vor sich einen uralten Baum, die **Vieux Chêne**, die **alte Eiche** von **Longfaye**. 500 Jahre soll sie dort bereits stehen; ob's stimmt, ich weiß es nicht. Was die Eiche in ihrem langen Leben wohl schon alles miterlebt hat? Man sieht ihr an, dass das ein hartes Dasein ist, sie ist für ihr Alter nicht wirklich groß, der Stamm ist mehr hohl als intakt, und wann immer es mich dorthin zieht, erwarte ich, dass es sie nicht mehr gibt. Dass sie umgestürzt auf dem Boden liegt, so wie es schon mit einigen ihrer gro-

Wacholderbüsche, die sich im Nebel auch einmal in Moorgeister verwandeln können.

ßen Äste geschehen ist. Ich hoffe, la Vieux Chêne packt es doch noch einige Zeit, denn unter ihr zu stehen oder zu sitzen, vermittelt mir immer eine große Gelassenheit. Wer sind wir denn schon, unter einem Baum, der schon seit Jahrhunderten ausharrt und sich behauptet ...

Wenn Sie nun ein paar Meter hinter die Eiche treten, sehen Sie vor sich ein bezauberndes kleines Venn, dessen Bild von einem seltenen Strauch geprägt wird. Es ist der **Wacholder**, dessen zahlreiche Vertreter hier wie seltsame Gestalten mit spitzen Mützen herumstehen. Man kann sich gut vorstellen, dass diese Gesellen vor allem bei trübem Wetter oder Nebel eine recht unheimliche Ausstrahlung besitzen.

Einen schönen Blick über diese idyllische, kleine Moorfläche erhalten Sie, wenn Sie noch einige Meter bachaufwärts gehen und dann an einem Wegweiser links den höher führenden Weg erklimmen. Von dort oben sieht das Venn besonders romantisch aus.

Wo Sie schon einmal da sind: Ganz in der Nähe ist Belgiens zweithöchster Wasserfall zu finden. Der Bach, der an der **alten Eiche** entlangfließt und **Bayehon** heißt, stürzt sich ein Stück weiter unterhalb ganze 9 m in die Tiefe. Das klingt nicht sehr spektakulär und ist es auch nicht, sieht aber schön aus. Queren Sie einfach den Weg, von dem aus Sie zur **Eiche** abgebogen waren und gehen gegenüber ins Grüne. Sie sehen einen Weg, dem Sie bergab folgen. Nach kaum 100 m stehen Sie auf einmal inmitten von übermannshohen Wacholderbüschen. Ein ungewöhnlicher Ort, wo doch ansonsten hier ringsum nur Fichten stehen.

Weiter geht's abwärts, der Weg hat seine Tücken in Form von gemeinen Wurzeln, die zum Stolpern einladen. Ein wenig geübt sollte man schon sein, um sicher bis unten zu kommen. Wenn Sie dann eine unmittelbar am Bach stehende Schutzhütte sehen, ist die **Cascade de Bayehon** nicht mehr weit. Passieren Sie die Hütte und halten Sie sich am querenden Forstweg rechts, also bergauf. In der ersten Kurve des Weges biegt links ein Pfad ab, den gehen Sie noch etwa 200 m hinab, dann sehen Sie unter sich das Bachbett und den Wasserfall. Mit ein wenig Kraxeln gelangen Sie an den Pool, in den das Wasser heruntersprudelt.

Wenn Sie später dem Forstweg weiter bergauf folgen, gelangen Sie wieder in die Straße in Longfaye, von der aus Sie zur Vieux Chêne aufgebrochen waren. Der Weg funktioniert natürlich auch umgekehrt; wenn Sie sich also den Wurzelpfad ersparen wollen, gehen Sie einfach von der Straße aus zur Cascade. Nicht ganz so abenteuerlich, aber dafür sicherer. Ganz nach Ihren Fähigkeiten!

Kehren Sie später zwecks Heimweg zurück auf die Dorfstraße und setzen Ihre Fahrt nach links abbiegend fort. Es geht auf einer schönen, kurvenreichen Waldstraße zunächst bergab, danach überqueren Sie einen Bach. Es ist wieder der Bayehon, der ein Stück weiter in die Warche fließt, die wenig zuvor aus der Talsperre von Robertville geflossen kommt.

Die Cascade de Bayehon

Sie hingegen kommen über die nun wieder steil ansteigende Straße erst nach Ovifat und stoßen, immer geradeaus bleibend, bald zwischen Sourbrodt und Robertville auf die N 676. Die bringt Sie, wenn Sie links abbiegen, in wenigen Minuten nach Botrange hinauf. Von dort ist es bis zur Einmündung in die N 68 nur noch ein paar hundert Meter, und Sie können nun Richtung Eupen hinunter ins Flachland fahren.

Teil 7

TEIL 7: SPA 20

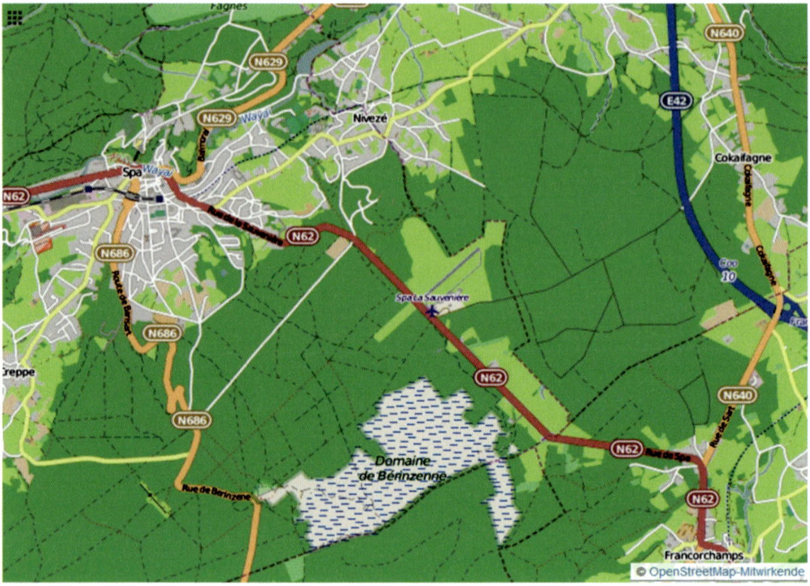

Es gibt ein Spa in Bad Tölz ebenso wie in Berlin, Palm Beach und Zürich. Auch Miami und Dubai können Spas vorweisen, und wer es besonders abenteuerlich mag, kann im mexikanischen „Tijuana Spa" Erholung suchen.

Alles blasse Abklatsche. Es gibt nur ein einziges Original-Spa, und das liegt in den Ardennen. Britische Touristen, die dort bereits vor Jahrhunderten entspannten, nahmen den Namen mit, sodass er sich nach und nach zu einem Synonym für Thermalbadeorte entwickelte. Heute nennt sich jede „Wellnessoase" **Spa**, was auf das Ardennen-Original einen unschönen Schatten werfen dürfte, kann man doch leider keine Lizenzgebühren mehr verlangen

Blick von der Terrasse des alten Casinos auf den Place Royal

von fantasievollen Hotelbesitzern und Saunabetreibern, denen der gute Name schutzlos ausgeliefert ist.

Wer sich heute, von der Autobahn E 42 aus Richtung Verviers kommend, der im Tal liegenden Kleinstadt nähert, erkennt rasch: dies ist nicht gerade ein sozialer Brennpunkt. Man passiert auf der Höhe oberhalb der Stadt schmucke private Landhäuser inmitten fußballfeldgroßer Grundstücke und einige Herbergen aus der guten, alten Zeit, von denen sich ganz bescheiden eine *Balmoral* nennt – die Queen lässt grüßen.

Auf kurviger Straße geht es in waldiger Umgebung hinunter ins Tal, dann rollt man bedächtig dem Stadtinneren entgegen, das von einer Mischung aus verblichener Herrlichkeit und geschmackvoll restauriertem baulichen Erbe geprägt wird.

DIE STADT DES WASSERS UND IHRE GESCHICHTE

Jetzt mal ganz unter uns Erzherzögen, Dukes und Princes: Die Reichen und Mächtigen ihrer Zeit fuhren doch nicht tatsächlich in die Ardennen, um dort eklig schmeckendes Wasser zu trinken? Viele von ihnen, vor allem die Engländer, waren zwar tatsächlich exzentrisch. Aber *so* exzentrisch? Weder war es leicht noch komfortabel, überhaupt dorthin zu kommen. Die Eisenbahn wurde erst lange nach Peter dem Großen erfunden, zuvor hieß es: über Stock und Stein. Und das alles wegen des Wassers?

Die Römer sollen die Quellen schon gekannt haben. Nicht nachweisbar, aber durchaus denkbar. Immerhin machte es den Römern bekanntlich wenig aus, durch unwegsamstes Gelände zu streifen. Und ein Faible für Heilquellen hatten sie auch, wie man von Städten wie Aachen weiß. Ab dem 14. Jahrhundert entwickelte sich allmählich ein richtiger Ort, und schon die frühen Einwohner Spas wussten das Wasser als heilsam zu schätzen. Offenbar waren selbst die Menschen des Mittelalters bereits mit der Tatsache vertraut, dass Medizin nicht schmecken kann. Daraus schlossen sie, dass das Wasser vor Ort besonders gesund sein müsse. So richtig los mit der Wassersucht ging es in Spa im 18. Jahrhundert. Die zahlreichen, rings um die Stadt zutage tretenden Quellen, gespeist aus dem unerschöpflichen

Plakette an einem Haus, das einst illustre Gäste beherbergte.

Blick auf das Casino und den Brunnen Pierre Le Grand

Reservoir des auf den Höhen liegenden Venngebiets, wurden elegant eingefasst oder gleich mit einem Badehaus umbaut.

Der erste Fremde, den es nach Spa verschlug, war ein Venetianer namens Augustino, seines Zeichens Arzt des französischen Königs Henri III. Zusammen mit einer spanischen Dame hielt Augustino in Spa Hof, und die beiden wurden in einem populären Buch erwähnt. Woraufhin der Spa-Boom einsetzte. Wir schreiben das 16. Jahrhundert. Spa schien auf einmal der „Place to Be" zu sein. Weltliche wie kirchliche Prominente ihrer Zeit nahmen Spa in ihr gesellschaftliches Programm auf, und plötzlich trafen sich in der Wildnis der Ardennen Königinnen, Legationsräte und apostolische Nuntii. Einen tüchtigen Schub versetzte dem Boom dann Zar Peter der Große, den es in das Heilbad trieb, nur aus rein medizinischen Gründen, versteht sich. Man benannte sogleich eine Quelle nach ihm, um die ein schickes Kurhaus herum erbaut wurde. Was nicht unbeachtet blieb. Und so wurde Spa mehr und mehr zum Modebad.

Natürlich sagt das alles nichts gegen die heilende Wirkung der in den verschiedenen Wässern enthaltenen Stoffe, die vor allem aus Mineralien bestehen. Diese sorgen zwar auch für den teils unschönen Geschmack, haben aber durchaus gesundheitsfördernde Wirkung. Dies versuchte der französische Arzt Hippolyte Dardonville mit seinem Buch *Des eaux minérales de Spa (Die Mineralwasser von Spa)* zu beweisen. Er verfasste es zu Beginn des 19. Jahrhunderts und man kann es selbst heute noch als kundigen Führer in die Ardennen sehen. Der Aufbau des Buchs ist interessant. Dardonville beginnt nach einführenden Sätzen zum Ursprung der Badekultur in Spa mit einem Kapitel, in welchem er alle berühmten Häupter aufzählt, die seit dem 16. Jahrhundert in Spa kurten. Es folgt eine Beschreibung der Stadt und der einzelnen Quellen sowie deren spezielle Eigenschaften. Viele Anwendungsbeispiele (heute: Testimonials) folgen, unterstützt von allgemeinen Regeln in Bezug auf das übrige Essen und Trinken während des Aufenthalts. Weiter geht es mit Tipps für die Freizeitgestaltung rings um die Stadt, und zuletzt

Mit der Zahnradbahn zur neuen Therme

geht der Autor noch einmal auf den Wirkstoffgehalt der Wässer ein. Mit diesem Buch, das kann man anerkennend sagen, war der Besucher für einen längeren Aufenthalt gut gewappnet.

Bei meinen Recherchen stieß ich auf eine Vielzahl von sehr alten Büchern, die dem Kuren in Spa gewidmet sind. Darin zu lesen, ist ein echtes Erlebnis. So schreibt ein bis heute nicht vergessener Autor namens Étienne Arago ein Werk mit dem seriösen Titel *Spa: son origine, son histoire, ses eaux minérales, ses environs et ses jeux (Spa: sein Ursprung, seine Geschichte, seine Mineralwässer, seine Umgebung und sein Casino).* Der Untertitel allerdings lässt stutzen: *Poème en sept chants – Gedicht in sieben Gesängen*. Und tatsächlich: Monsieur Arago hat den heilsamen Ort auf mehr als 180 Seiten bedichtet! Sie meinen, das sei doch etwas sehr absurd? Nun, dann finden Sie es gewiss auch recht schräg, dass ein anderes Buch, 1852 in Paris unter dem Titel *Aux eaux de Spa (Das Wasser von Spa)* erschienen, nicht etwa ein medizinisches Werk über Schwefel und Eisen ist, sondern eine *Komödie mit Musik in einem Akt*. Die Handlung ist schnell erzählt: Es gibt einen älteren Junggesellen, seinen Neffen, eine gut situierte Witwe sowie deren Nichte. Noch Fragen?

Unter den Spa-Büchern, die ich inzwischen studiert habe, gefällt mir eins ganz besonders gut. Es stammt aus dem 18. Jahrhundert, wurde von einem

Nouveaux amusemens des Eaux de Spa

Herrn J. P. de Limbourg verfasst und informiert den Leser nicht nur über die üblichen Fakten, sondern gibt auch eine genaue Darstellung des gesellschaftlichen Lebens in der Stadt und wie man sich diesem anpasse, um jegliches Fettnäpfchen im Umgang mit anderen Badegästen zu vermeiden. Gerade dieses Buch nährt ja meine Vermutung, dass die Sache mit der Badekur oft nur ein Vorwand war. Spa als der Ort, an dem sich tout le monde traf, um feine Gesellschaft zu spielen (oder gar zu sein), will mir viel mehr einleuchten ...

Das alte Spa spiegelt sich im modernen.

Das heutige Spa ist dabei, wieder etwas vom alten Glanz zurückzugewinnen. Aufwendige Restaurierungsmaßnahmen in der Stadt, längst noch nicht abgeschlossen, haben die Bausubstanz weitgehend gerettet. Besonders schön ist die Restaurierung und gleichzeitige Modernisierung des Brunnens mit dem Namen *Pierre Le Grand* gelungen. In diesem von viel Glas bestimmten Bauwerk befindet sich neben der alten Trinkhalle das

Tourismusbüro des Pays des Sources. Hier können Sie sich mit Informationen versorgen lassen, die Ihnen beim Aufenthalt in Spa, aber auch in der Umgebung nützlich sein werden.

» www.pays-des-sources.be/de

Gebadet wird inzwischen nicht mehr in den an der Place Royal stehenden, klassizistischen Thermen aus dem 19. Jahrhundert. Wenn Sie deren Fassaden betrachten, wird Ihnen klar, dass das gute Gründe hat. Risse und weitere Verfallserscheinungen lassen eine Restaurierung dringend geboten erscheinen. So ähnlich hat der Pierre-Le-Grand-Brunnen vor wenigen Jahren auch ausgesehen. Wirklich dringend ist die Restaurierung der alten Thermen zum Glück nicht, hoch über der Stadt ist seit 2006 ein neuer Badetempel in Betrieb. Er ist mittels einer Zahnradbahn vom Place Royal aus ohne Umwege erreichbar.

» www.thermesdespa.com

Der Brunnen Pierre Le Grand mit umgebenden Häusern

Weitere Gebäude rund um den zentralen Platz sind das 1920 erbaute **Casino** und der angrenzende **Kursaal**, die neoromanische Kirche **St. Remacle** und das **Rathaus**, früher das Hotel für die feinen Kurgäste. Nur wenige Schritte westlich vom Place Royal beginnt der **Kurpark**, an dessen beiden Enden hübsche Pavillons stehen. Hier findet jeden Sonntag ein Flohmarkt statt, auf dem es tatsächlich alte Dinge zu kaufen gibt und nicht überwiegend Neuware, wie leider auf anderen Märkten dieser Art. Entsprechend gut besucht ist der Markt. Kommen Sie nicht zu spät, mittags wird nämlich schon wieder abgeräumt.

Jeden Sonntag: der Flohmarkt von Spa

In einer Stadt mit so viel Geschichte muss es natürlich auch Museen geben. Spa hat für seine Sammlungen eine gemeinsame Website, auf der das *Museum der Stadt des Wassers* und *Das Museum des Pferdes* ihre wertvollen Sammlungen virtuell vorstellen und zum Besuch einladen. Ein weiteres Museum ist das *Le musée de la lessive de Spa*, was in deutscher Übersetzung weitaus prosaischer *Das Waschmittelmuseum von Spa* bedeutet. Das klingt vielleicht etwas sehr profan, bietet aber eine hochinteressante Reise in die Vergangenheit. Waschmaschine auf, Sachen rein, Pulver rein, Wasser marsch – von so etwas konnten die Menschen vergangener Zeiten nur träumen. Das Museum wendet sich nicht zuletzt an Schulkinder, die durch das Thema Wäschewaschen vieles über das Leben ihrer Vorfahren lernen können.

» sites.google.com/site/museedelalessive

Immer gut besucht: der Flohmarkt nahe dem Kurpark

Spa hat etwa 11.000 Einwohner, doch der Kern rings um den Place Royal ist im gemütlichen Bummelschritt in zwei oder drei Stunden zu besichtigen. Das Tourismusbüro der Stadt liegt gleich hinter dem Peter-der-Große-Brunnen (Office Du Tourisme De Spa, Rue du Marché 1A) und versorgt Sie mit Tipps und Informationen. Natürlich auch, was Hotels und die Gastronomie betrifft. Davon gibt es in einer solchen, auf auswärtige Gäste angewiesenen Stadt natürlich einiges. Nicht zuletzt das Casino zieht Gäste nach Spa, auch wenn sicher vom alten Glanz der Belle Époque darin nicht mehr viel übrig ist. Heute dominieren, wie auch in vielen anderen Casinos, die Spielautomaten. Traditionelle Spiele, wie Roulette, Black Jack und Poker, sind aber weiterhin im Angebot.

» www.casinodespa.be

Leider verschwunden sind in den letzten Jahren mehrere kuriose, altmodische Läden, so vermisse ich besonders eine alte *Quincaillerie*, also ein Eisenwaren- und Haushaltswarengeschäft, in dem man alles bekam, was es an Kinkerlitzchen gibt.

Ein alter Freund, von Beruf Zahnarzt, sagte einmal zu mir: „Wenn ich mir für den Ruhestand etwas wünschen könnte, dann wäre es eins der Häuser, die rings um Spa herum stehen." Ich weiß, was er damit meinte. Tatsächlich findet man entlang der Straßen, die nach oder von Spa führen, zahlreiche wunderschöne Villen und Landhäuser, die erahnen lassen, wie viel Geld hier einmal im Umlauf war. Wahrscheinlich noch ist. Irgendwer wohnt ja auch heute in diesen prächtigen Gebäuden. Und selbst, wenn diese Leute alles geerbt haben – ohne Bares macht das Wohnen wenig Spaß. Denken Sie nur mal an die anfallenden Heizkosten für eine freistehende Jugendstilvilla, die beim Bau vor 120 Jahren noch keinerlei EU-Energierichtlinien entsprechen musste ...

Am Ortseingang von Spa aus Richtung Osten begrüßt Sie inmitten eines Kreisverkehrs eine Statue. Sie symbolisiert die Bedeutung des Ortes als Quelle berühmten Wassers.

Wenn Sie am anderen Ende der Stadt Spa über die Durchgangsstraße Richtung Theux (Av. Reine Astrid, N62) verlassen, gelangen Sie an eine Unterführung, hinter der Sie scharf links abbiegen sollten. Sie gelangen in ein Industriegebiet und finden dort nach ein paar Metern das Besucherzentrum der SPA Monopole, in der das bekannte Mineralwasser des Ortes abgefüllt wird. „Eaudyssée de Spa" ist täglich von Montag bis Freitag von 9h30 bis 12h30 und von 13h30 bis 16h30. geöffnet, an Feiertagen geschlossen. Lassen Sie sich einen Besuch nicht entgehen; eine faszinierende Reise in die Welt des Wassers erwartet Sie.

Rue Auguste Laporte, 4900 Spa
» www.eaudysseedespa.be

Spa-Statue an der östlichen Ortseinfahrt von Spa, Symbol für die Bedeutung des Wassers

DAS GEHEIME VENN (26)

Es ist nicht wirklich geheim, das **Venn von Malchamps**, das sich in den Wäldern etwas südlich von Spa verbirgt. Aber „geheimes Venn", das macht doch irgendwie neugierig, oder? Und somit hätte ich mit meiner Benennung den Zweck erreicht.

Ein gutes Stück abseits der großen Weiten des Hohen Venns gelegen, ist das kleine Venn von Malchamps mit einer Fläche von 330 ha ein wahrer Geheimtipp für wunderschöne Wanderungen durch Moore und Heide. Es gehört zur Domaine de Bérinzenne, einem vielseitigen Naturschutzzentrum wenige Kilometer südlich von Spa, das mit einem Wald- und Wassermuseum, einem Informationszentrum sowie einem weitläufigen Park zum Besuchen einlädt. Bei schönem Wetter lässt sich hier mühelos ein ganzer Tag verbringen, man kann sogar picknicken und grillen, und nicht selten ist man fast ganz alleine, vor allem an Wochentagen.

Im Venn von Malchamps

Wenn man eine Wanderung im Venn von Malchamps unternimmt, das am östlichen Ende der Domaine beginnt, sieht man manchmal während der gesamten Wanderzeit niemanden sonst. Was kann es Idealeres geben, wenn man sich fern vom üblichen Lärm ganz und gar der Natur hingeben möchte? Es gibt mehrere markierte Routen zur Auswahl, allesamt vollkommen flach und im Moor durch Knüppelpfade befestigt. Ein 20 m hoher Aussichtsturm am Rand des Moors bietet von oben einen Ausblick, der die Dimensionen der Wald- und Moorflächen rings um Spa besonders eindrucksvoll deutlich macht.

Außer den Wegen durch das Moor gibt es von Bérinzenne aus eine Reihe weiterer Wanderrouten im Umkreis, denn auch die Wälder bieten eindrucksvolle Naturerlebnisse. Die Website der Domaine enthält eine Reihe von Vorschlägen, allerdings nur auf Flämisch und Französisch.

Ab dem Spätsommer blüht im Venn von Malchamps das Heidekraut besonders prächtig.

Wie man hinfindet: Vom Zentrum Spa bis Bérinzenne sind es etwa 5 km, es geht dabei die ganze Zeit stramm bergauf. Die Hauptstraße durch Spa ist die N 62, die teils Rue Royal, teils Rue Astrid heißt. Nahe dem Casino liegt an der Nordseite der N 62 das große Radisson Blue Hotel. Schräg gegenüber, auf der Südseite der Rue Royal, liegt ein kleiner Platz mit einem Denkmal in der Mitte, an diesem biegen Sie von der N 62 ab und folgen der Einbahnstraße, die leicht bergauf Richtung Süden führt (Rue Collin Leloup). Wenig später unterqueren Sie einen Eisenbahnviadukt und folgen nun, stets geradeaus ansteigend, der Rue de Barisart, die aus der Stadt hinausführt.

Rechts und links sehen Sie imposante Häuser, die aus der früheren, großen Zeit des Ortes stammen. Nach wenigen Minuten gehen Bebauung und Wald nahtlos ineinander über. Nun macht die Rue de Barisart einige schärfere Kurven, und wenig später sehen Sie links eine Abzweigung und rechts einen größeren Parkplatz. An diesem lohnt es sich, anzuhalten und auszusteigen. Er gehört zur *Source de la Géronstère*, einem Restaurant und einer Quelle, die ab 1717 für die Öffentlichkeit genutzt wurde. Peter der Große soll ihre heilenden Kräfte geschätzt haben. Die Brunnenfassung wurde vor einigen Jahren restauriert und Sie können das Wasser probieren. Müssen es aber nicht, sein Geschmack ist doch recht ... nun ja.

Die Source de la Géronstère

Wenn Sie nun nicht im vorzüglichen Restaurant gleich nebenan hängen bleiben, dann folgen Sie der Straße noch ein ganz kurzes Stück bergauf, und Sie haben Bérinzenne erreicht.

SPA-FRANCORCHAMPS (31)

Es ist der 1. September 1985. Auf der seit 1921 bestehenden Rennstrecke **Circuit de Spa-Francorchamps** findet das 1.000-km-Rennen statt. Mit am Start sind unter anderem die Fahrer Stefan Bellof aus Deutschland und Jackie Ickx, der belgische Rennstar. Stefan Bellof hatte mit seinen damals 28 Jahren bereits eine beeindruckende Rennbilanz vorzuweisen, und er ist bis heute der Einzige, der die Nürburgring-Nordschleife mit einem Schnitt von mehr als 200 km/h umrundete. 1984 errang er den Sportwagen-Weltmeistertitel sowie die deutsche Meisterschaft. Und auch in der Formel 1 gelangen ihm, trotz eines schwachen Wagens aus dem Tyrell-Rennstall, beeindruckende Vorstellungen. Kurz: Bellof war der schnellste deutsche Fahrer zu dieser Zeit.

An diesem 1. September 1985 endet Stefan Bellofs Karriere in Spa-Francorchamps am Ausgang der berüchtigten Eau-Rouge-Senke. Beim Versuch, den vor ihm liegenden Jackie Ickx zu überholen, kollidiert Bellofs Bolide mit dem des Konkurrenten und rast frontal gegen einen hinter den Leitplanken stehenden Betonpfosten. Icks Wagen dreht sich mehrfach und kommt dann

Die Eau-Rouge-Kurve im Circuit de Spa-Francorchamps

Ein Blick auf die legendäre Rennstrecke

entgegen der Fahrtrichtung zum Stehen, der Belgier bleibt nahezu unverletzt. Die ganze Zeit über läuft eine Kamera in seinem Auto, die den Unfall und die Minuten danach für immer dokumentiert.

Die Senke und nachfolgende Kurve, die unter dem Namen *Eau Rouge* bei Rennfans in aller Welt ein Begriff ist, sieht für den Laien gar nicht so gefährlich aus, in Wirklichkeit war dort ein Überholvorgang jedoch nahezu unmöglich. Die *Eau Rouge* hat es wahrhaft in sich. Nach einer langen Geraden, die abwärts bis zur Senke führt, macht die Strecke einen harten Links-rechts-Schwenk und steigt sogleich stark an. Die dabei entstehenden Fliehkräfte sind gewaltig, was auch Bellof wusste; in einem Interview kurz vor seinem letzten Rennen sagte er selbst, ein Überholmanöver in der *Eau Rouge* sei zu gefährlich, um es zu wagen. Warum er es dann doch versuchte – die Antwort nahm der sympathische Hesse mit ins Grab.

Bis 2001 war dieser Abschnitt der Rennstrecke außerhalb der Renntage für den öffentlichen Straßenverkehr geöffnet, und ich habe die *Eau Rouge* zuvor etliche Male mit meinem Mini-Cooper selbst durchfahren. Mit normaler Landstraßengeschwindigkeit. Mann, Mann, Mann …

Wer einmal sehen möchte, wie sich die *Eau Rouge* mit mehr als 300 km/h durchfährt, findet bei YouTube® etliche Filme. Und wie diese so unscheinbare Kurve selbst bei besten Wetter- und Straßenbedingungen Rennwagen in Schrott verwandelt, zeigt eindrucksvoll ein Clip, in dem man Ricardo Zonta und Jacques Villeneuve bei zahlreichen Pirouetten sehen kann, die mit der kompletten Zerlegung ihrer Autos enden.

Ganz besonders realistisch ist ein Clip, der das Spa-Francorchamps-Rennen im Jahre 1966 entstandenen Spielfilm *Grand Prix* zeigt. Realistisch ist der Film vor allem durch die vielen authentischen Rennaufnahmen, bei deren Betrachtung man die Rennstrecke als das erkennt, was sie lange Zeit war: eine normale, durch keinerlei Sicherheitsmaßnahmen beeinträchtigte Landstraße, die sogar durch bewohnte Orte geht. Sie finden den acht Minuten langen Ausschnitt bei YouTube® mit dem Suchbegriff „Grand Prix 1966 Movie – Spa Francorchamps".

Natürlich besteht die Rennstrecke nicht alleine aus der laut zahlreichen Motorsportbeteiligten und Fans „gefährlichsten Kurve der Welt". Der ursprünglich fast 15 km lange Rundkurs bot schon immer zahlreiche spektakuläre Streckenabschnitte und war aus mehreren Gründen eine lebensgefährliche Herausforderung an Teams und Fahrer. Einer dieser Gründe ist das hier oben in den Ardennen ausgesprochen launische Wetter. Die Strecke hat man in den mehr als 90 Jahren ihres Bestehens mehrfach den Bedingungen des Rennsports angepasst und ist heute nur noch knapp sieben, wohlabgesicherte Kilometer lang.

Am Wetter hat man allerdings nichts ändern können, sodass auch weiterhin Regenschlachten von epischer Dramatik stattfinden und stattfinden werden. Neben dem Formel 1-Rennen im August jeden Jahres finden natürlich viele weitere Veranstaltungen in Spa-Francorchamps statt, darunter auch Rennen mit klassischen Fahrzeugen und sogar ein Entenrennen, bei dem der legendäre Citroen 2 CV beweisen kann, was in ihm steckt, wenn technisch etwas nachgeholfen wird. Und wer genug Geld besitzt, um davon mal etwas aus dem Fenster zu werfen, kann an einigen Tagen im Jahr (Termine auf der Website) für 100-300 € in seinem eigenen Auto bis zu vier Läufe à 25 min auf dem Kurs drehen. So zeigt sich eindrucksvoll der Unterschied zwischen Profi und Amateur. Während Ersterer ein überaus üppiges Honorar für seinen Auftritt erhält, muss Letzterer kräftig löhnen.

Zwischen April und November eines jeden Jahres hat der Circuit einen vollen Terminplan zu bieten, die Veranstaltungen lassen sich der Website entnehmen. Auch sonst findet man dort viele historische und heutige Informationen über den legendären Rundkurs in den Ardennen. Eine deutsche Version der Seite erleichtert das Studieren.

» www.spa-francorchamps.be/de

STAVELOT (29) (30)

Wenige Minuten südwestlich entfernt von Malmedy bzw. Francorchamps liegt die alte Stadt **Stavelot**, die Sie von Malmedy über die N 68 und von Francorchamps über die N 622 erreichen. Das Stadtbild Stavelots wird im Wesentlichen von den Überresten der alten **Abtei Stablo** geprägt, die 648 gegründet wurde. Ihr Ende kam erst im Zuge der Französischen Revolution (1789). Ein Teil der Bauten wurde zerstört, ein anderer erhielt neue, weltliche Verwendungen. Die Geschichte der Stadt blieb bewegt, erst wurde sie 1815 beim Wiener Kongress den Niederlanden zugeteilt, 1830 kam sie zum Staatsgebiet des neu gegründeten Belgien. In der Folgezeit florierte Stavelot wirtschaftlich, einige hundert Menschen arbeiteten im örtlichen Gerbereihandwerk. Das Städtchen erhielt einen Eisenbahnanschluss, was der Bedeutung Stavelots noch einmal einen tüchtigen Schub verpasste.

1944, im letzten Jahr des Zweiten Weltkriegs, wurde Stavelot durch Fliegerbomben in Brand gesetzt und weitgehend zerstört. Im Dezember 1944 eroberten deutsche Truppen die bereits befreite Stadt von den Alliierten zurück, und 163 Einwohner von Stavelot wurden daraufhin Opfer der Waffen-SS.

Heute ist Stavelot ein beliebtes Ausflugsziel, nicht zuletzt dank der schönen Umgebung. Eine auf Urlauber und Ausflügler eingestellte Infrastruktur sorgt für weitere Anreize zum Besuch. Über die Autobahn A 27 erreichen auch Besucher aus Deutschland Stavelot sowie weitere, nahe gelegene Ziele, wie Malmedy, das Hohe Venn und den Freizeitpark von Coo, in kurzer Zeit.

Stavelot

Ab 2002 fand eine umfassende Restaurierung der Abtei statt. Drei hochinteressante Museen sind in den Gemäuern zu finden: ein Museum dokumentiert die lange und bewegte Geschichte der Reichsfürstabtei, ein Museum widmet sich Leben und Werk des französischen Lyrikers Guillaume Apollinaire, der mit Stavelot eng verbunden war, und das dritte hat die Geschichte der Rennstrecke von Spa-Francorchamps zum Thema. Ausgestellt sind darin unter anderem Rennwagen und Motorräder sowie eine Vielzahl von Dokumenten und Objekten, die mit der Rennstrecke zu tun haben.

» www.abbayedestavelot.be

Wenn durch Stavelot an einem dunklen Vorfrühlingsabend Gestalten in weißen Gewändern mit langen, sehr langen roten Nasen ziehen, dann hat das einen gewichtigen Grund. Stavelot feiert seit dem 15. Jahrhundert seine Variante des Karnevals, und zwar an Laetare, dem vierten Fastensonntag. Damit man noch etwas mehr Spaß haben kann, wurden im 20. Jahrhundert die Tage von Freitag bis Montag um Laetare hinzugenommen. Die *Blancs-*

Moussis, so der Name der Nasenträger, tragen aufgepustete Schweineblasen mit sich, die sie schwenken.

Ein Bummel durchs Zentrum von Stavelot ist empfehlenswert, vor allem um den Place Saint-Remacle sowie in den kleinen Gassen ringsum entdeckt man schöne, alte Fachwerkhäuser. Es sei noch ergänzend erwähnt, dass auch gastronomisch Stavelot nichts zu wünschen übrig lässt.
» www.stavelot.be

Ein paar Kilometer westlich von Stavelot beim Dorf **Coo** liegen Belgiens höchste Wasserfälle, auch sie, dank eines angrenzenden Freizeitparks, ein beliebtes Ausflugsziel. Natürlichen Ursprungs sind sie nicht, der kleinere wurde im 15. Jahrhundert erschaffen, der größere im 18.; nicht etwa als touristische Ziele, sondern zwecks Regulierung der hier fließenden Amel. 15 m tief stürzen sich ihre Fluten in die Tiefe. Eine Seilbahn führt hoch über Coo hinaus auf eine Anhöhe, von der aus Sie einen fantastischen Blick über das Tal haben.

Die Wasserfälle von Coo

Gehört unverzichtbar zum Jahresablauf: Jeder Ort feiert im Spätsommer seine eigene Kirmes. Für manche Einwohner - nicht nur die Kinder - der Höhepunkt des Jahres. Zwar dauert die Kirmes im Ort jeweils nur drei oder vier Tage, aber dann geht es ein paar Kilometer entfernt wieder weiter. Zum Abschluss gibt es immer ein großes Feuerwerk.

Teil 8

TEIL 8: MALMEDY (25)

DIE STADT AN DER WARCHE

Am südlichen Fuß des Hohen Venns liegt im Tal der Warche die Kleinstadt **Malmedy**. Zusammen mit einigen eingemeindeten Dörfern kommt Malmedy auf rund 12.000 Einwohner. Etwas mehr als 100 Jahre, von 1815 bis 1920, waren Stadt und Kreis Malmedy Teil der preußischen Rheinprovinz, die sich westlich und östlich des Rheins von Bingen im Süden bis Kleve im

Der zentrale Place de Rome

Norden erstreckte. Malmedy gehörte in dieser Periode zum Regierungsbezirk Aachen, so wie auch der Landkreis Eupen im Norden des Venns. Der Begriff Eupen-Malmedy bezeichnet bis heute diese Region, die nach dem Ersten Weltkrieg durch den Versailler Vertrag an Belgien fiel, 1940 von Deutschland noch einmal annektiert wurde und seit 1945 endgültig zum westlichen Nachbarn gehört.

Wer sich dem Städtchen von der Autobahn A 27, Abfahrt Malmedy, her nähert, wird nicht besonders pittoresk begrüßt – als wichtiger Knotenpunkt der Region mit ihren zahlreichen kleinen Dörfern bietet Malmedy entlang der Einfallstraße N 62 zunächst ein wenig einladendes Industriegebiet (eine andere, sehr viel schönere Strecke führt aus Richtung Baraque Michel nach Malmedy, über die Sie etwas im Abschnitt über Bévercé mehr erfahren können). Aber nach etwa 2 km haben Sie es geschafft, Sie stoßen auf den freundlichen Place de Rome, in dessen Mitte ein alter Pavillon steht. Den Platz hat man 2013 ordentlich entrümpelt und renoviert und damit ein angemessenes Eingangstor zur Stadt geschaffen.

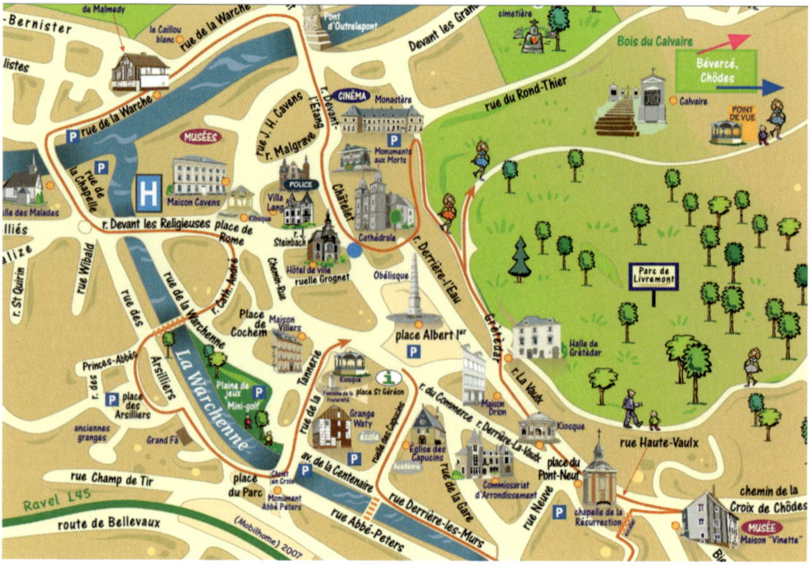

Das Zentrum von Malmedy (der gesamte Stadtplan findet sich als PDF-Datei auf der Website www.malmedy.be)

Achtung, ein Tipp für Gourmets: Am Place de Rome 24 entdecken Sie eine wunderbare Fromagerie nach französischer Art, in der das Ehepaar Beuvens die Kunst der Käseverfeinerung (Affinieren) praktiziert. Leckereien aus regionaler Produktion findet man ebenso wie aus den klassischen Käsenationen Frankreich und Schweiz, und das in beeindruckender Vielfalt. Wie es sich gehört, erkundigen sich die Betreiber beim Kunden, wann er den gewünschten Käse verzehren möchte, denn davon hängt entscheidend ab, welcher Reifegrad vom Affineur ausgewählt wird.

Außer dem eindrucksvollen Käsesortiment hält Beuvens noch eine nicht weniger hochwertige Auswahl an Wurstwaren (Charcuterie) vorrätig, darunter Spezialitäten aus den französischen Alpen wie eine Wurst, die sich Murmeltierei nennt *(Oeuf de Marmotte)*. Auch das Bier aus Belleveaux bekommt man hier, für den Fall, dass man es genießen möchte, ohne die nur am Wochenende geöffnete Brauerei besuchen zu müssen.

Für Feinschmecker ist dies natürlich nicht die einzige Adresse vor Ort, alleine deshalb sei eine gemütliche Schlendertour durch das Zentrum empfohlen. Malmedy besitzt im Ortskern hübsche, kleine Plätze, um die sich Geschäfte, Cafés und Restaurants gruppieren. Auffällig sind einige Häuser, die ungewöhnlich schmal sind und kaum mehr als 3 m Breite aufweisen. Dies alles liegt nahe dem Place de Rome, und einen Parkplatz zu finden, dürfte kein großes Problem sein, sodass man dann in Ruhe und zu Fuß den Ortskern erkunden kann.

Das Rathaus in einem Viertel voller hübscher Häuser rings um die Kathedrale

Besonders sehens- und besichtigenswert ist das kleine Viertel rund um die Kathedrale. Hier findet man einige bemerkenswerte Gebäude; an erster Stelle ist sicherlich die zweitürmige Kirche zu nennen, die ab 1775 erbaut wurde, ab 1818 als Pfarrkirche fungierte und in den 1920er-Jahren den Status einer Kathedrale erhielt. Umgeben von gepflegten Parkanlagen, ist die schon von Weitem sichtbare Kirche ein Ruhepol im meist geschäftigen Malmedy. Neben der Kathedrale entdeckt der Besucher eine Gedenkstätte für die zahlreichen zivilen Opfer der blutigen Ardennenoffensive im Winter 1944, auf die wir später detaillierter zu sprechen kommen. 219 Namen dokumentieren das Leid, das über die Stadt bei der Vertreibung der deutschen Besatzer durch US-amerikanische Truppen kam.

Die Villa Steisel vom Ende des 19. Jahrhunderts

Malmedy betreibt eine sehr informative, auch deutschsprachige Website, und dort findet man eine Vielzahl an Informationen, mit deren Hilfe man sich auf einen Besuch der Stadt und ihrer Umgebung vorbereiten kann. Zum Download stehen Broschüren, Magazine, Pläne und Karten bereit. Wer Malmedy besuchen möchte, sollte sich der Website ausgiebig widmen. Mein spezieller Tipp gilt der Broschüre „Geschichtlicher Rundgang", die Sie bei den Downloads finden. Die Webadresse lautet:

» malmedy.be/de

Das Malmundarium

Zurück vor Ort: Wenige Schritte von der Kirche weg, Richtung Place de Rome, und Sie stehen vor dem **Malmundarium**. Hier muss es Ihnen nicht etwa mulmig werden; im Gegenteil, das eindrucksvolle Gebäude beherbergt einige, didaktisch schön aufbereitete Sammlungen, die Vergangenheit und Gegenwart von Malmedy und seiner Umgebung präsentieren. In seinem Ursprung eine klösterliche Anlage, hat das Malmundarium in seiner inzwischen 1.100-jährigen Geschichte zahlreiche Wandlungen erlebt, angefangen mit der Säkularisierung infolge der Französischen Revolution über die Nutzung als Verwaltungsgebäude während der Zugehörigkeit zu Preußen und später zum deutschen Kaiserreich. Seit 2011 ist das aufwendig restaurierte Gebäude eine bedeutende Attraktion der Region. Auf insgesamt 3.000 m^2 bietet das Museum mehrere Ausstellungsbereiche zur Geschichte von Stadt und Region, zur Industrieentwicklung mit bedeutender Papier- und Lederfertigung sowie zur Folklore, außerdem werden religiöse Schätze präsentiert sowie Wechselausstellungen von Kunstwerken regionaler oder internationaler Künstler.

Ein Name von 82 – das Ehrenmal nahe dem Baugnez 44 Historical Center

Ein anderes Museum liegt einige Kilometer südöstlich von Malmedy im Ort Baugnez an der N 62 Richtung St. Vith. Auf dem Weg dorthin, da, wo die N 632 nach Waimes abzweigt, ist eine eher unscheinbare Grünfläche zu erkennen, an deren Ende eine Mauer und eine Kapelle stehen. Hier, genau an dieser Stelle, fand am 17. Dezember 1944 ein schweres Kriegsverbrechen statt. Mindestens 82 US-amerikanische Soldaten, die kurz zuvor von deutschen Truppen überrascht und gefangen genommen worden waren, wurden von Angehörigen der Waffen-SS erschossen. Es konnte nie ganz geklärt werden, welche Befehlskette diesem als Malmedy-Massaker in die Geschichte des Zweiten Weltkriegs eingegangenen Verbrechen auf deutscher Seite vorausgegangen war. Widmen Sie dem Gedenken an dieses Ereignis ein wenig Zeit und betrachten Sie die Namen der Opfer in der Mauer. Was mir aufgefallen ist: es sind zahlreiche deutsch klingende Namen dabei; vielleicht also Nachfahren von Auswanderern.

DAS BAUGNEZ 44 HISTORICAL CENTER 25

Von dieser Gedenkstätte aus sieht man schon das etwa 200 m entfernt stehende **Baugnez 44 Historical Center**, das dem Kriegsgeschehen während der Ardennenoffensive 1944/45 gewidmet ist. Es widmet sich auf einer Fläche von 850 m² dem Ardennenkrieg und dem Massaker. Authentisches Material, Fahrzeuge, Bilder und zeitgenössische Filme bringen dem Besucher das Kriegsgeschehen nahe und vermitteln einen Eindruck von dem, was in der heute so friedlichen und idyllischen Region einst über Jahre hinweg tägliche Realität war.

Während der gesamten Besichtigung werden die Besucher von einem mehrsprachigen Audioführer begleitet, der das globale Kriegsgeschehen erläutert, aber auch Geschichten rund um die Ausstellungsstücke erzählt. Man muss kein Kriegsfan sein, um sich für das Baugnez 44 Historical Center zu interessieren. Denn, was hier dokumentiert ist, gehört nun einmal zur Geschichte Ostbelgiens.

Alle notwendigen Infos zum Center finden Sie, auch auf Deutsch, unter
» www.baugnez44.be/de

BELLEVEAUX 32

In einem bezaubernden, abgelegenen Tal südlich von Malmedy liegt der Ortsteil **Belleveaux**, der, aus verstreuten Weilern bestehend, manche jahrhundertealten Gebäude birgt, darunter die Kirche aus dem Jahr 1435, das **Maison Maraite** von 1592 und eine Mühle, die bis ins Jahr 1387 zurück dokumentiert ist. Die umgebende Natur lädt zum Wandern, zum Angeln und, Fans dieses Sports, sogar zum Felsenklettern ein. Und dann gibt es seit einigen Jahren einen ganz besonderen Anziehungspunkt. Der war natürlich bei meinem ersten Besuch geschlossen, denn dieser fand in der Woche statt. Die **Brauerei von Belleveaux** mit ihrer Gastronomie ist aber nur am Wochenende geöffnet. Mit dem vorzüglichen Ardenner Wasser braut man hier seit 2005 in einem idyllischen Anwesen ganzjährig zwei Biersorten, das Brune und das Blonde. Hinzu kommen zwei weitere Biere, die saisonal angeboten werden: ein prickelndes Blanche im Frühjahr und ein Black im Herbst, das einen besonders cremigen Schaum aufweist. Haben Sie etwas bemerkt? Richtig, alle vier Biere der Brasserie Belleveaux beginnen mit B.

Die Brauerei von Belleveaux

Die Brauerei kann besichtigt werden; ein Erlebnis, das ich sehr empfehlen möchte. Man lernt fast alles über die Bierherstellung und trinkt danach ein Glas des naturtrüben Belleveaux mit ganz neuem Bewusstsein. Man könnte in Abwandlung eines bekannten Spruchs sagen: Man trinkt nur das, was man weiß. Jeden Samstag und Sonntag finden die geführten Besichtigungen statt, sie dauern etwa 30-40 min. Neben vielen Informationen über das Brauen gibt es natürlich auch etwas zu trinken. Nur bei Gruppen von mehr als 10 Personen ist eine Anmeldung notwendig.

Von der Brasserie gehen vier unterschiedlich lange Wanderwege ab, die nach den Bieren benannt sind. Auf ihnen erschließt sich die wunderschöne Landschaft ringsum, und alle führen zurück zum Ausgangspunkt, wo Essen und Trinken warten. Ein liebevoll eingerichteter Laden gehört ebenfalls zum Anwesen; hier werden neben dem hauseigenen Bier weitere Produkte aus der Region angeboten.

Das Tal um Belleveaux liegt recht versteckt. Wenn Sie, von der Autobahn E 40/A 27 kommend, über die eingangs erwähnte N 62 durch das Geschäfts- und Industriegebiet auf Malmedy zufahren, passieren Sie nach einigen hundert Metern auf der rechten Seite eine Total-Tankstelle. Gleich dahinter biegen Sie rechts in eine Straße mit dem seltsamen Namen *O l'z-Eyôs* ein und folgen dieser strikt geradeaus, bis Sie das Industriegebiet hinter sich lassen und die Straße nach einem Rechtsschwenk anzusteigen beginnt. Ab hier finden Sie nun auch Wegweiser Richtung Belleveaux sowie, mit ein wenig Glück, Schilder der Brasserie. Noch ein paar kurze Kilometer, und einem schönen Tag in einer schönen Umgebung steht nichts mehr im Wege. Wenn Sie von der Stadt Malmedy her kommen, gilt die Wegbeschreibung natürlich umgekehrt.

BÉVERCÉ (25)

Wer aus Richtung Hohes Venn/Baraque Michel kommend, über die N 68 Richtung Malmedy fährt, kann sich für einige Minuten wie auf einer Alpenpassstraße fühlen. Denn die „Trôs-Marêts" sind eine regelrechte Serpentinenstraße mit zwei schönen Haarnadelkurven und etlichen hübschen Schlängeleien, die ich oft und gerne entlang-(pssst!)flitze, sie führt durch Wälder und quert Bäche und wird einmal im Jahr auch für ein sportliches Oldtimerzeitfahren genutzt, das eine lange Tradition hat.
» www.tros-marets.be/141695028

Wenn die Straße im Tal angekommen ist, gelangt man kurz vor Malmedy nach **Bévercé**, einem hübschen Weiler, der mit einigen Hotels, einem Restaurant sowie einem Ferienzentrum, einer Jugendherberge und zwei Campingplätzen gesegnet ist. Das klingt nach einer Menge Trubel, ist aber halb so wild, vor allem außerhalb der Urlaubssaison. An einem schönen Frühlings- oder Herbsttag kann man in und um Bevercé erbauliche Stunden verbringen.

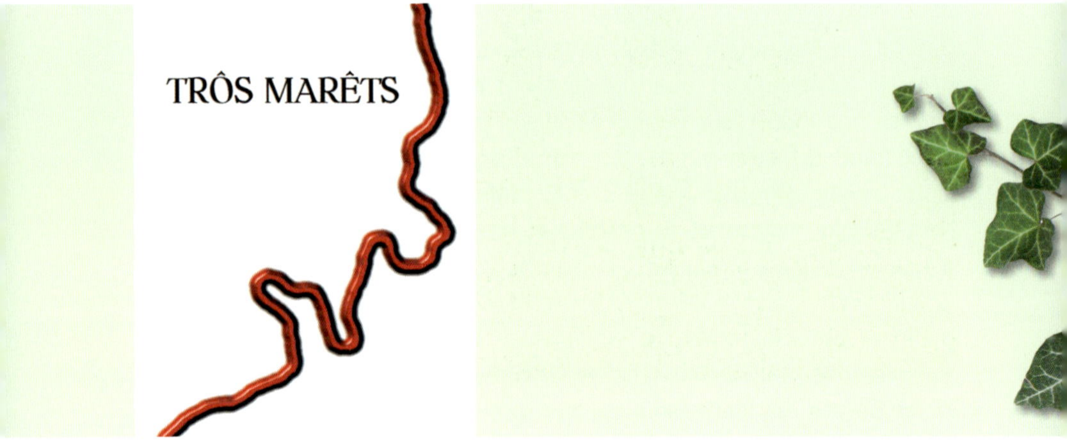

Die Serpentinen von Trôs Marêts

Hoch über dem Ort liegt die seit Jahrhunderten bekannte *Ferme Libert*, ein früheres Gehöft, das schon lange als Gaststätte fungiert. Gleich nebenan steht das Hotel, von dessen Terrasse aus man einen wunderbaren Blick ins Tal genießen kann. Über das Essen, vor allem die Waffeln in der *Ferme Libert,* kann ich leider nichts sagen, das Restaurant war bei meinem Besuch ohne Angabe von Gründen geschlossen, obwohl es laut Wochenplan hätte offen sein müssen.

Ebenfalls auf der Höhe liegt eine **Eremitage**, die seit 1446 dokumentiert und seitdem ohne Unterbrechung bewohnt ist. Ich nehme allerdings an, dass die Bewohner über diese lange Zeit hinweg doch immer mal gewechselt haben.

Wer einen besonders romantischen Aufenthalt, vielleicht über ein Wochenende, erleben möchte, dem sei in Bévercé das Gästehaus *La Maison Geron* empfohlen, das in einem stilechten Herrenhaus aus dem 18. Jahrhundert

Die „Ferme Libert" hoch über dem Warchetal

eingerichtet ist. *La Maison Geron* ist nicht zuletzt bei Gästen beliebt, die zu einer Veranstaltung auf der nahe gelegenen Rennstrecke von Spa-Francorchamps angereist sind. Auf der Website des Hauses kann man einen schönen Überblick gewinnen. Stilvoller kann man kaum untergebracht werden, zudem zu durchaus moderatem Preis.
» https://www.geron.be/

Übrigens: Ein aus Bévercé stammendes Produkt besitzt seit Jahrhunderten hohe Wertschätzung, weit über die Landesgrenzen hinaus. Es ist der geschieferte Landstein, der nicht nur wertvolle technische Eigenschaften besitzt, sondern auch eine auffallende Textur. Er wurde und wird vor allem beim Bau verwendet, als dekorativer Abdeckstein, Eckstein oder Schwelle. Die nahe gelegene **Burg Reinhardstein** wurde mit geschiefertem Landstein erbaut. Auch heute wird der Stein weiter abgebaut.

Teil 9

TEIL 9: SÜDLICH DES HOHEN VENNS

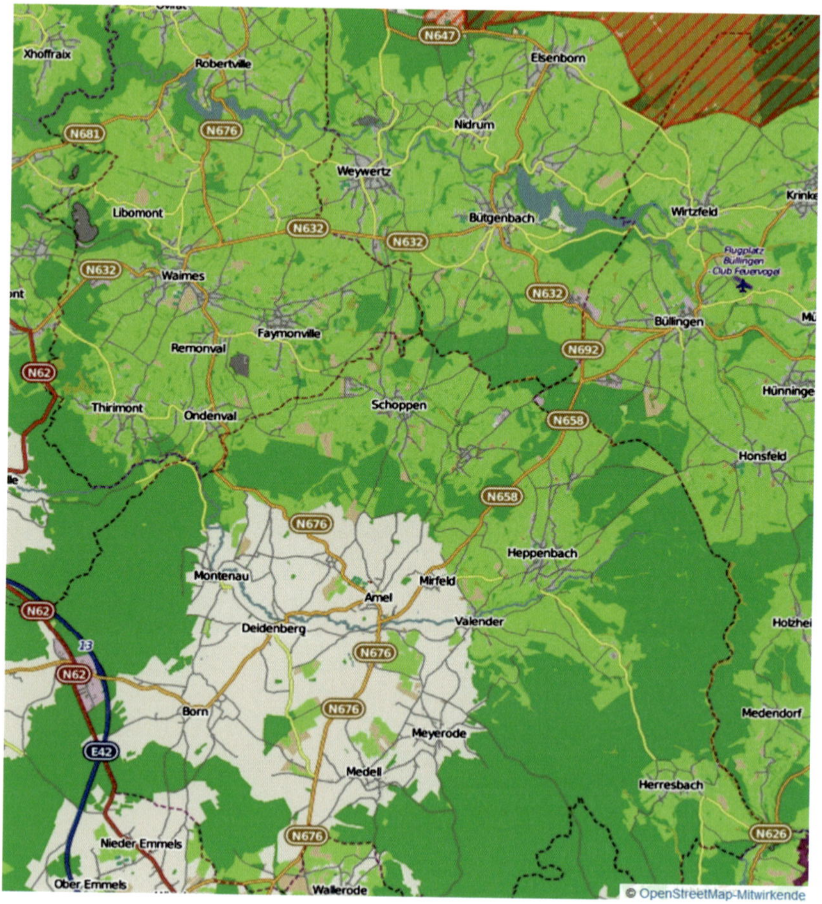

ROBERTVILLE 27

Wer hinter Botrange die allmählich wieder abfallende N 676 entlangfährt, hat bei klarem Wetter einen wunderbaren Blick in die Region von **Waimes, Amel** und zuletzt **St. Vith**. Der erste Ort, den man erreicht, ist **Robertville**. Der ab 1926 erbaute Stausee und die waldreiche Umgebung machen das Dorf zu einem beliebten Reiseziel, nicht nur für Tagesausflüge, sondern, vor allem im Sommer, für Feriengäste mit Kindern. Am See liegt ein Campingplatz, und es darf gebadet werden. Im Winter, falls das Venn samt Umgebung mit ausreichend Schneefall gesegnet ist, kann auf gespurten Loipen Ski gefahren werden.

Der wallonische Hahn ziert das Geländer der Staumauer bei Robertville.

Schon als Kind bin ich auf dem See Ruderboot gefahren (genauer: ließ ich mich von meinem Vater rudern), und auch als Erwachsener komme ich immer wieder gerne hin. Wenn man sich heute in dieser so friedlich wirkenden Region befindet, kann man sich nur schwer vorstellen, dass es auch hier immer wieder unruhige Zeiten gegeben hat. Da gab es die durchziehenden Römer ebenso wie die Auswirkungen der Französischen Revolution und die spätere Zeit unter preußischer Herrschaft. Besonders hart für die Bevölkerung ist das Leben während der Kämpfe alliierter Truppen gegen die Naziherrschaft ab dem Sommer 1944 gewesen, die sich zur erbarmungslosen Ardennenoffensive entwickelten und zu vielen Tausenden von zivilen und militärischen Opfern geführt hat. Und wenn es gerade mal keine fremden Besetzer waren, die für Unfrieden sorgten, stritten sich die Einheimischen selbst um das wenige Land, das inmitten der Moore verfügbar war. Dieser Konflikt schwelte im 16. Jahrhundert rings um Sourbrodt auf. Erst im 19. Jahrhundert konnten die Streitigkeiten durch hart verhandelte Verträge beigelegt werden. Heute ist Ruhe und Frieden ringsum, möge es für immer so bleiben.

» www.robertville.be

REINHARDSTEIN (24)

Nahe bei Robertville liegt die **Burg Reinhardstein**, deren Lage an die der Burg Eltz in der Südeifel erinnert. Man erreicht sie per Straße vom Ortsteil **Ovifat** aus. Am Parkplatz der Staumauer beginnt zudem ein Wanderweg, über den man sich zu Fuß der Burg nähern kann.

Reinhardstein wurde auf einem Felsvorsprung über dem Tal der Warche erbaut. Doch für Romantik hatten die Menschen früherer Zeit nicht immer den rechten Sinn. Zu Beginn des 19. Jahrhunderts wurde das Gemäuer von seinem damaligen Besitzer, Graf Metternich, als Abbruchobjekt angeboten und verkauft. Dadurch wurde das Areal nichts anderes als eine Art Steinlager. Lange in ruinösem Zustand, wurde sie von einem engagierten Privatmann und Liebhaber alter Gemäuer, Professor Overloop, entdeckt und mithilfe von Freiwilligen und Handwerkern der Umgebung um 1965 restauriert. Der Spaziergang zur Burg von der Staumauer aus ist zu empfehlen, die Weglänge beträgt nicht einmal 1 km, und er strengt nicht an, kann also auch von weniger geübten und älteren Menschen gut bewältigt werden. Reinhardstein ist der Öffentlichkeit in Form von geführten Besichtigungen zugänglich. Ab und zu werden von den Betreibern Veranstaltungen angeboten, zudem lassen sich auch Räume für Festivitäten anmieten. Wie wäre es denn mit dem Wächter- und Rittersaal für eine Geburtstagsfeier?

» www.reinhardstein.net

Die Burg Reinhardstein ist den kurzen Fußweg mehr als wert.

BÜTGENBACH 28

Nicht weit entfernt von Robertville, bei **Bütgenbach**, liegt ein weiterer Stausee mit einer perfekt ausgebauten Freizeitinfrastruktur.

» www.worriken.be

Wer in den Ferien nicht nur die Ruhe des Landlebens, sondern auch sportliche Aktivitäten aller Art schätzt, ist in Bütgenbach richtig. Ein gemächlicher Wanderweg von 10 km Länge führt rings um den See, Einkehr kann zum Beispiel nahe der Staumauer im Ortsteil Berg am Wasser gehalten werden.

» www.butgenbach.info

Bütgenbach, Teil der deutschsprachigen Gemeinschaft, ist seit 1977 Hauptort der mit **Elsenborn, Berg, Küchelscheid-Leykaul, Nidrum** und **Weywertz** Großgemeinde gleichen Namens. **Elsenborn** *(„Elsenborn schuf Gott im Zorn")* liegt mitten im Venn und besitzt schon seit preußischer Zeit einen großen Truppenübungsplatz. Nach dem Zweiten Weltkrieg wurde dieser von amerikanischen und belgischen Truppen genutzt. Geheimtipp: Sollte es Ihnen (wie mir vor einigen Monaten an einem sehr kalten Wintertag) passieren, dass oben im Venn der Treibstoff für Ihr motorisiertes Gefährt zur Neige geht, finden Sie Hilfe an der Ortseinfahrt von Elsenborn (aus Richtung Militärlager gesehen). Dort gibt es eine Tankstelle, die aufhat, wenn andere zu sind. Also sonntags. An dieser Stelle nochmals ein herzliches Dankeschön an die freundliche, unbekannte Familie, die mich samt Kanister in der Imbissbude vor Sourbrodt auflas, zur Tankstelle brachte und auch wieder zurück zu meinem Auto. In einsamen, kargen, ja verlassenen Gegenden wissen die Menschen auch heute noch, wie man sich vorbildlich gegenseitig hilft. Das könnte in Lappland nicht besser funktionieren.

Wenn man von **Sourbrodt** kommend, über die N 674 auf Elsenborn zufährt (und dabei vorhin genannte Frittenbude passiert), gelangt man an einen Kreisverkehr, in dessen Mitte ein alter Panzer steht. Geradeaus geht

Blick von der Staumauer auf den Bütgenbacher See

es weiter nach Elsenborn. Aber nehmen Sie für einen Geheimtipp von mir die Straße nach links, die N 669. Nach wenigen Metern ist an der linken Straßenseite ein botanischer Garten, in dem zahlreiche Heilpflanzenarten wachsen. Gegen einen (recht happigen) Obulus kann der Garten besichtigt werden. Er gehört zu dem an der anderen Straßenseite stehenden Werk einer pharmazeutischen Firma, die sich der Kräutermedizin verpflichtet hat. Doch das ist noch nicht der Geheimtipp.

» www.herba-sana.be

Die N 674 begleitet im weiteren Verlauf die noch junge **Rur**. Sie kommt aus dem höher gelegenen Venn und fließt hier links der Straße durch sumpfiges, sehr naturbelassenes Gelände. Im Frühjahr können Sie dort erst vereinzelt, dann dichter werdend, wilde Narzissen sehen. Aber folgen Sie der Straße noch ein Stück, bis Sie links einen asphaltierten Waldweg sehen, der über eine Brücke führt. Vor der Brücke ist genügend Platz zum Parken. Gehen Sie in den Waldweg hinein, bis Sie nach ein paar Metern Anstieg an die Trasse der Vennbahn gelangen. Die ist zwar im Prinzip nicht mehr in Betrieb, in der Realität aber doch. Draisinen fahren ab und zu entlang. Eine Gefahr sollte von denen nicht ausgehen. Erstens sind sie deutlich langsamer unterwegs als selbst früher die Dampflok nach Bütgenbach, zweitens sind die johlenden Draisinenfahrer schon von Weitem zu hören. Sie haben somit genug Zeit, sich von den Gleisen zu entfernen.

NARZISSEN IM RURTAL (24)

Auf denen gehen Sie nämlich, nachdem Sie am Bahnübergang den Waldweg verlassen und sich nach rechts gewendet haben. Nach etwa 150 m tut sich links eine Art Lichtung im Wald auf, die sich einen Hang hochzieht und an ihrer tiefsten Stelle von einem kleinen Bach durchflossen wird. Wenn Sie in der richtigen Jahreszeit hierher kommen, sehen Sie ein kleines Paradies. Die Lichtung ist, soweit Sie schauen können, von gelben Narzissen bewachsen. Was den Anblick von dicht stehenden Narzissen inmitten einer weitgehend unberührten Natur angeht, ist dies mein Lieblingsort, zudem er von Wandergruppen und anderen Lärmquellen nicht frequentiert wird. Sie können vorsichtig die Bahntrasse verlassen (was am rechten Rand der Lichtung am einfachsten ist) und das Naturereignis aus der Nähe betrachten. Nur, bitte versprechen Sie mir, beim Gehen aufzupassen. Nicht alles, was grün ist, ist Gras. Es können auch noch nicht aufgeblühte Blumenknospen sein. Oder ein Frosch. Und seien Sie vorsichtig, wenn Sie versuchen, sich dem Bächlein zu nähern. Da lauert Sumpf.

Würden Sie jetzt der N 674 noch ein kurzes Stück folgen, kämen Sie über die erste links abbiegende Straße nach **Küchelscheid**. Rechts ist bereits Deutschland, genauer gesagt **Kalterherberg**.

Aus Küchelscheid kommen die Wettermeldungen der Schweizer Gesellschaft Meteosat für diese Region. Vielleicht erinnert sich mancher an Wettermoderator Kachelmann. Der gab gerne die Wetterdaten von Kalterherberg durch, die aber in Wirklichkeit aus Küchelscheid kommen, da es dort meist noch etwas kälter ist als in dem Ort mit dem frostigen Namen. Eigentlich müsste Küchelscheid daher *Nochkälterherberg* heißen. Gleich nebenan befinden sich die wenigen Häuser des Weilers **Leykaul**, hier lassen sich die Draisinen

Narzissenwiese im Tal der jungen Rur zwischen Sourbrodt und Küchelscheid

mieten, mit deren Hilfe (und kräftigen Armen) ein Teil der früheren Vennbahnstrecke befahren werden kann. Sie sollten aber nach der Narzissenwiese umkehren und sich dann am Kreisverkehr in Richtung Elsenborn halten. Von dort aus geht es gleich weiter nach Büttgenbach.

DAS RAVEL-WEGENETZ

Bis vor einigen Jahren war Bütgenbach die Endstation der Vennbahn. Ich bin noch vor etwa 15 Jahren mit einer alten Dampflok von Raeren aus bis Bütgenbach gefahren. Ein tolles Erlebnis! Man konnte buchstäblich während der Fahrt Blumen pflücken. Heute steht am Rand des Ortes eine traurige Metallkonstruktion – der frühere „Bahnhof" von Bütgenbach. Die Trasse der ehemalige Bahnlinie blieb jedoch erhalten und wurde für ihre neue Bestimmung umgebaut. Sie ist nun Teil des überrregionalen belgischen Fahrradnetzes **RAVEL**, das sich vor allem der vielen stillgelegten Bahnstrecken bedient. RAVEL-Strecken müssen die folgenden Bedingungen erfüllen:

- vom Straßennetz abgekoppelt und unabhängig,
- keine oder nur sanfte Steigungen (max. 3 %),
- geringe Anzahl von Kreuzungspunkten mit dem Straßennetz,
- hohes Sicherheitspotenzial.

Nützliche Infos über das RAVEL-Wegenetz in Ostbelgien findet man unter dieser Webadresse:

›› www.eastbelgium.com/freizeit/rad/ravel/home

Der Vennbahn-Radweg, mehrfach international prämiert und einer der längsten Bahntrassen-Radwege Europas, führt durch die Länder Deutschland, Belgien und Luxemburg. Von Aachen aus, quer in Nordsüdrichtung durch Ostbelgien bis nach Troisvierges im Großherzogtum Luxemburg mit einer durchschnittlichen Steigung von 2 % (nur auf einigen kurzen Teilstücken muss man 3-10 % überwinden), erlebt man auf 125 km Landschaft, Flair, Histörchen und Historisches.

Die Vennbahn gehört zum Ravel-Programm der wallonischen Region Belgiens. Ravel steht übersetzt für „Autonomes Netz für langsam fließenden Verkehr". Dieses Netz reiht sich ein in die Philosophie der „grünen Wege", einer Bezeichnung, mit der in Europa und weltweit Infrastrukturen benannt werden, die dem nicht motorisierten Verkehr vorbehalten sind.

Einige Highlights entlang der Strecke sind: Aachen – Weltkulturerbestadt, Kornelimünster – Ortszentrum, Raeren – Töpfereimuseum, Monschau – Stadtkern, Heckenlandschaft von Monschau und rund um Sourbrodt, Wolfsbusch, St.Vith – Ausstellung im Museum „Zwischen Venn und Schneifel", malerisches Ourtal, Burgruine von Reuland, Tunnel bei Lommersweiler und Lengeler, Europadenkmal in Ouren und Gärten um Troisvierges.

Vennbahn-Übersichtskarte:
» https://www.ostbelgien.eu/media/cache/1184_resized_2000_2000_90_5811a5e43d141_vb-karte-01def-stroke.jpg

BÜLLINGEN UND UMGEBUNG

Südöstlich von Bütgenbach liegt **Büllingen (Boulange)**, eine Kleinstadt von etwa 5.000 Einwohnern. Viel, sehr viel Wald gibt es hier. Zu Büllingen gehören viele, teils versteckt liegende Weiler, die durch sehr stille und schöne Straßen miteinander verbunden sind. Der Ortsteil **Mürringen** ist mit 650 m über dem Meeresspiegel der höchstgelegene Ort Belgiens. Andere Dörfer heißen **Hasenvenn, Igelmonderhof, Medendorf** oder **Andlermühle**. Das klingt romantisch und ist es in manchen Fällen auch, zumindest, was die umliegende Landschaft angeht. Auffällig in den Dörfern ist, dass es so gut wie keine wirklich alten Gebäude gibt, weder Wohnhäuser noch Kirchen. Der Grund liegt darin, dass hier im Gemeindegebiet Büllingen besonders harte Kämpfe während der Ardennenoffensive im Winter 1944/45 stattfanden, bei denen kaum ein Stein auf dem anderen blieb.

Wiesen und Weideflächen – im Umland von Sankt Vith

Die **Our** entspringt auf dem Gemeindegebiet von Büllingen, ein kleiner Fluss, dem wir später wieder auf dem Weg zum südlichsten Zipfel dieses Streifzugs begegnen werden. Die Quelle befindet sich in unmittelbarer Nähe des Kreisverkehrs an der deutschen B 265 bei Losheim, aber auf belgischer Seite. Wer sie finden will. Das sind die Koordinaten: 50° 22′ 38″ N, 6° 20′ 45″ O.

In und um Büllingen gibt es ein breites Angebot an Unterkünften, über die Sie sich am besten auf der Website des Ortes informieren können.
›› www.buellingen.be

AMEL UND MONTENAU (34)

Ein nächster zentraler Ort im Süden des Venns ist **Amel**, benannt nach dem gleichnamigen Flüsschen. In dem es übrigens Gold zu finden gibt. Oder geben soll. Die Häuser des Dorfes stehen, außer an der Hauptstraße, locker verteilt in den Wiesen. In Richtung Süden hat man einen weiten Blick, der vor allem das Wanderer- und Radfahrerherz höher schlagen lässt. Und in Richtung Westen gibt es ein Ziel, das Gourmetherzen höher schlagen lässt. Im Weiler **Montenau**, 3 km von Amel entfernt (achten Sie auf die beschilderte Abzweigung nahe der Ameler Kirche) und inmitten wunderbarer Landschaft gelegen, produziert die *Montenauer Schinkenräucherei* – was wohl? Genau, geräucherten Schinken. Darüber hinaus auch Wurstwaren nach traditionellen Rezepten. Die Herstellung des Schinkens können Besucher von einem Gang aus durch große Scheiben beobachten. Sie werden dabei sehen, dass hier in reiner Handarbeit die köstlichen Ardenner Schinken vorbereitet wer-

Ein Zausel, der sich im rauen Klima des Venns wohlfühlt.

den, ehe sie dann monatelang reifen. Die (auch deutschsprachige) Website des Betriebs bereitet Sie schon einmal auf einen Besuch vor.

» www.montenauer.com

In Amel fällt, wie schon in anderen Dörfern, auf, dass es gänzlich an altem Baubestand fehlt. Eine Folge der erbitterten Kämpfe, die hier im letzten halben Jahr des Zweiten Weltkriegs stattfanden.

Darf ich an dieser Stelle kurz einmal innehalten? Gedanken an das, was sich hier vor 70 Jahren abgespielt hat, kommen mir vor allem, wenn ich auf der langen, geraden Straße zwischen Amel und St. Vith unterwegs bin. Die N 676, die heute, trotz ihres teilweise katastrophalen Zustands, in ein paar Minuten bewältigt werden kann, war für das Vorrücken der alliierten Truppen damals von größter strategischer Bedeutung. Ebenso die weite Wiesen- und Weidelandschaft rechts und links der Straße, über die ich vor meinem geistigen Auge Panzer von allen Seiten her rollen sehe. Man

Reifender Ardenner Schinken in Montenau

könnte sagen: „Lange her, heute freut man sich eben, dass alles einen ländlichen Frieden ausstrahlt." Ich verurteile diese Haltung nicht; jeder mag das so halten, wie er es für sinnvoll hält. Aber es geht auch beides. Man kann in die Landschaft eintauchen, sich darin erholen mit Leib und Seele. Und doch auch ein geschichtliches Bewusstsein in sich tragen, ein Bewusstsein dafür, dass hier vor einigen, noch nicht sehr fernen Jahren alles ganz anders war. Ein Bewusstsein dafür, dass der hier heute bestehende Friede nicht selbstverständlich ist und dass viele Menschen für diesen Frieden hier ihr Leben lassen mussten. Die Stadt Sankt Vith wurde nahezu vollständig zerstört, als sie, bereits von den Alliierten im September 1944 kampflos erobert, im Zuge der deutschen Gegenoffensive im Winter zurückgewonnen wurde. Erst in den 1960er-Jahren konnte der Wiederaufbau abgeschlossen werden.

RECHT (34)

Nicht weit von Amel liegt das Dorf **Recht**, das man von der Autobahn A 27, Ausfahrt 12 Vielsalm/Recht/Bellevaux, oder, aus Amel kommend, über die N 659 Richtung E 42/Recht/Born erreicht. Der kleine Ort bietet eine ungewöhnliche Attraktion: ein für Besucher geöffnetes, ehemaliges Schieferbergwerk. Mehrere Jahrhunderte wurde der begehrte Blaustein in Steinbrüchen gewonnen, ab 1880 in Recht auch unter Tage. Blaustein findet sich überall in der Region verbaut, als Treppenstufen, Sockelsteine, Fensterbänke und in sakralen Skulpturen. Und selbst moderne Einfamilienhäuser schmücken sich gerne mit Blausteinerzeugnissen. So manches alte Waschbecken steht heute neben der Haustüre und dient als dekoratives Gefäß für Stiefmütterchen und Tagetes. Nach langjähriger Restaurierung kann der schon lange brach liegende Steinbruch heute besucht werden, es finden mehrere Führungen am Tag statt. Die schöne, auch deutschsprachige Website des Industriedenkmals macht Lust auf einen realen Besuch.

» www.schieferstollen-recht.be

SANKT VITH (33)

Sankt Vith hat heute rund 10.000 Einwohner und ist eine geschäftige Stadt, umgeben von weitem, offenem Land sowie großen Waldgebieten. Im Ortsteil **Schönberg** begegnen wir wieder der **Our**, deren Quelle wir – vielleicht – in der Nähe von Büllingen besucht haben.

» www.schonberg.be

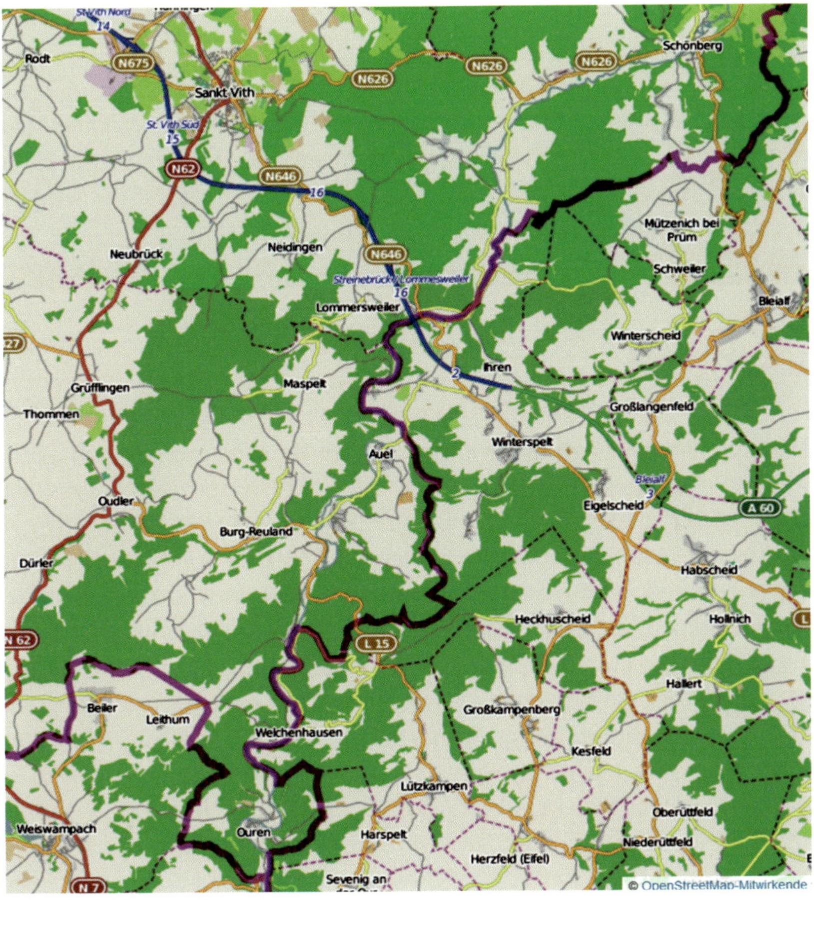

Sankt Vith liegt rund 400 m hoch, ist mit einem Feinschmeckertempel – dem Hotel *Zur Post* – gesegnet, besitzt darüber hinaus natürlich auch die obligatorischen Imbissbuden und Pizzarien sowie alles, was eine Kleinstadt für die Bewohner der umgebenden Dörfer und sich selbst vorrätig haben sollte. Der Ort ist über die Autobahn aus Richtung Verviers schnell zu erreichen, was für Wirtschaft und Industrie ein wichtiger Standortfaktor ist.
» www.st.vith.be

Mein Tipp: Wenn Sie an der wechselhaften Geschichte der Stadt Sankt Vith interessiert sind, gehen Sie doch auf diese Website:
» https://www.ostbelgien.eu/download/2022/ostbelgien-broschuere2016-web.pdf

Dort können Sie sogenannte *Lauschtouren* im MP3-Format hören und downloaden. Diese Audiodateien geben Ihnen eine ausgezeichnete Hilfe zum Verständnis der Region. Weitere Lauschtouren gibt es auf der Website auch für Amel, Büttgenbach/Büllingen und Burg Reuland.

MASPELT (35)

Und nun mal wieder ein Geheimtipp. Es gibt wenige Kilometer von Sankt Vith ein abgelegenes Seitental, das ich vor mehr als 30 Jahren auf einer Motorradtour entdeckte. Es ist so abgelegen, dass in einem der Dörfer, in **Maspelt**, in den 1970er-Jahren Szenen für den Film *Winterspelt* gedreht wurden. Warum? Der Film spielt während des Zweiten Weltkriegs kurz vor der Ardennenoffensive im Winter 1944-1945, und man musste hier keinerlei Kulissen aufbauen. Denn es sah in Maspelt noch immer so aus, wie 30 Jahre zuvor. An der Abgelegenheit hat sich bis heute nichts geändert. Ebenso wenig wie an der großartigen Landschaft. Und die Häuser? Nun ja. Da könnte durchaus für eine Neuverfilmung immer noch manches so bleiben, wie es gerade ist.

Ein stilles Tal, fernab von aller Hektik. Blick auf Bracht nahe Burg Reuland

Also, auf dorthin! Wenn Sie aus Amel kommend, den großen Kreisverkehr am Ortsrand von Sankt Vith erreichen, umrunden Sie diesen zu drei Viertel und umfahren die Stadt entlang eines Industrie- und Handelsgebiets. Sie kommen an einen weiteren Kreisel, den verlassen Sie gleich wieder nach rechts. Kurz vor dem nächsten Kreisverkehr biegen Sie nach links ab (N 646, Steinebrück). Bleiben Sie auf der N 646, unterqueren Sie neben einem Teich die Autobahn und folgen der Straße in einigen Kurven bergauf. Dort, wo nun mehrere Straßen zusammentreffen, halten Sie sich streng rechts. Einige Meter weiter zweigt eine schmalere Straße in Richtung Lommersweiler ab, dieser folgen Sie.

Eindrucksvolle Fernblicke bieten sich von Ihrer Straße aus, gegen eine kleine Rast spricht also nichts. Wenig später erreichen Sie das Dorf **Lommersweiler**. Auch von hier aus haben Sie in alle Richtungen herrliche Fernblicke. Falls Sie Blumen- und Gartenliebhaber sind: Eines der Häuser am Ortseingang von Lommersweiler hat einen derart üppigen Vorgarten, dass es einem den Atem raubt. Wenn Sie bewundernd stehen bleiben, freut man sich im Haus bestimmt. Achtung: Der Versuch, sich *alles* anzusehen, dürfte Ihren Zeitplan – falls Sie einen haben – schwer in Verzug bringen.

Folgen Sie Ihrer Straße durch Lommersweiler, wobei Sie sich prinzipiell immer rechts halten. Ab Ortsende geht es zügig bergab, die Natur übernimmt die Kulisse und nach einer 180°-Kurve sind Sie im ersten Tal angekommen. Doch noch nicht am Ziel. Die Straße geht jetzt wieder bergauf, wobei sie einige Kurven beschreibt. Einmal mündet von rechts eine Straße, Sie fahren weiter geradeaus hoch. Vor Ihnen werden die ersten Häuser und Höfe von Maspelt sichtbar, dem Ort, in dem *Winterspelt* gedreht wurde. „Was machen die hier wohl im Winter?", geht Ihnen vielleicht auf der schmalen, steilen Straße durch den Kopf. Ich kann es Ihnen nicht sagen …

BRACHT (35)

Einmal biegt in Maspelt die Straße nach rechts ab, Richtung Grüfflingen. Sie aber halten sich hier halb links und folgen den Schildern **Ouren, Bracht, Burg Reuland**. „Sieh an (ich spreche gerade mit mir selbst), da hat sich nicht einmal Google Streetview hingewagt." In der Tat. Aber wir! Und wenn Sie das Ortsende von Maspelt hinter sich gelassen haben, tut sich ein herrliches Panorama vor Ihnen auf. Unten im Tal liegt der Weiler **Bracht**, der Horizont wird von Höhen begrenzt, die, von links nach rechts gesehen, von Deutschland über Belgien bis Luxemburg reichen.

Schutzhütte auf der Anhöhe zwischen Bracht und Maspelt

Auf der Anhöhe zwischen Bracht und Maspelt steht, von Weitem sichtbar, seit einigen Jahren diese interessante Schutzhütte; sie ersetzt ihre in die Jahre gekommene Vorgängerin und bietet Gelegenheit für eine Pause mit weitem Ausblick.

BURG REULAND (35)

Wenn das Wetter schön ist, lässt es sich auf dieser Höhe lange aushalten. Aber irgendwann muss man weiter. Steil bergab geht es nun, auf Bracht zu. Das hat gut 900 Jahre auf dem Buckel, keine 100 Einwohner, ein bescheidenes Schloss und ganz viel Natur um sich herum. **Bracht** gehört zu **Burg Reuland**, dem nächsten Ort. Wenn Sie sich im Brachter Straßengewirr weitgehend geradeaus-links halten, sind Sie ein paar Minuten später in

Burg Reuland angekommen. Zu diesem Dorf mit Burg gibt es, wie schon bei Sankt Vith erwähnt, eine *Lauschtour* als MP3-Datei.

» https://www.ostbelgien.eu/download/2022/ostbelgien-broschuere2016-web.pdf

Burg Reuland mit seinen 350 Einwohnern ist ein beliebtes Ausflugsziel, es ist schön gelegen, besitzt alle gastronomischen Einrichtungen von Belang und natürlich die namengebende Burg. An deren Standort haben bereits Römer gewirkt und gebaut. Später waren es Franken, danach über Jahrhunderte örtliche Adelsgeschlechter. Noch später wurde die Burg der Gemeinde lästig, und sie wurde unter der Auflage verkauft, dass der neue Besitzer sie dem Erdboden gleichmache. Das wurde zwar auch von diesem durchgeführt, allerdings nicht bis zum bitteren Ende. Eine Initiative zur Erhaltung der Burgreste wurde um 1900 gegründet, das Gemäuer wurde unter Denkmalschutz gestellt und die Restaurierung begonnen. Dennoch dauerte es noch bis in die 1950er-Jahre, ehe die Burg wieder genutzt werden konnte.

Heute gibt es Veranstaltungen verschiedener Art, und vom Burgturm bietet sich eine weite Aussicht.

» www.reuland-ouren.be

DAS OURTAL 36

Die **Our**, der wir zum ersten Mal bei Büllingen begegnet sind, begleitet uns auf der südlichsten Etappe dieses Buchs. Halten wir uns also von Burg Reuland aus auf der N 693 in östliche Richtung und folgen dieser ein Stück weiter. Halten Sich sich Richtung Ouren. So kommen wir in das **Ourtal**. Dort heißt es nach etwa 2 km aufpassen – wenn die N 693 einen Linksbogen macht (Richtung Bitburg), fahren wir stattdessen geradeaus weiter auf der nun deutlich schmaleren Straße Richtung Ouren. Diese letzten Kilometer lie-

Nicht unbedingt eine Reise wert, aber wenn man schon mal da ist: das Europadenkmal in Lieler-Ouren.

gen in einem schönen, friedlichen Tal, durch das die Our ihrer Mündung in die Sauer entgegenfließt. Ab dem Hotel *Zur Alten Mühle* ist die Our Grenzfluss, das linke Ufer gehört zu Deutschland. Nur wenige Häuser und alte Höfe stehen entlang der Straße, dafür ist die Natur beeindruckend intakt. Breite Wiesen säumen den Fluss; vor allem im Frühjahr, nach schneereichen Wintern, stehen sie oft unter Wasser.

Sie passieren die wenigen Häuser von **Oberhausen** und bleiben weiter im Tal, auch wenn sich hinter dem dortigen Hotel eine abenteuerliche Straße den Berg hochwindet, die ein paar Kilometer später im luxemburgischen Weiswampach ankommt. Ja, wir sind hier wieder in einem Dreiländereck, so wie zu Beginn der Streifzüge bei Aachen, Vaals und Gemmenich. Die Our mäandert noch ein paar Kurven dahin, die Straße tut es ihr nach und gelangt schließlich in den verwinkelten Weiler **Ouren**, der überwiegend aus Ferienunterkünften besteht. Kein Wunder, so ruhig und abgelegen das Nest liegt. Dies ist das ideale Gebiet, um einmal ganz und gar von allem zu entspannen.

Die Straße überquert die Our, dennoch bleiben wir in Belgien, denn Deutschland hat sich für eine Weile mal eben vom östlichen Ufer zurückgezogen. Dann gelangt man an einen kleinen Park, in dem selbst im Sommer nur ein paar traurige Rosen rings um schmucklose Rasenflächen stehen. Einige Steinquader mit Inschriften vervollständigen das Bild. Wir sind am Gelände des Dreiländerecks in **Lieler-Ouren**, dem „Europadenkmal", angelangt. Die Grünanlage wurde 1977 eingeweiht und erinnert an die Vorreiter eines vereinten Europa: Konrad Adenauer aus Deutschland, Josef Bech aus Luxemburg, Christian Pineau aus Frankreich und der Belgier Paul-Henri Spaak. Die Steine stammen jeweils aus den Heimatländern der Geehrten. Ich frage mich, ob der recht traurige Park nicht ein Sinnbild für das heutige Europa ist.

Zwei Mäuse laufen vor mir unbekümmert über den Rasen und wechseln dabei mal eben von Belgien nach Luxemburg. Europa hat für uns, die Bürger, sicherlich vieles einfacher gemacht, auch wir können, wie diese Mäuse, unkompliziert von einem Land ins andere wechseln. Aber vieles hat Europa uns auch mit seiner krebsartig wuchernden Bürokratie schwerer gemacht. Wie da wohl die Bilanz unterm Strich für uns Bürger aussieht? Ich bin mir nicht sicher.

Ein paar Meter hinter dem Park endet Belgien; die Our ist nun Grenzfluss zwischen Deutschland und Luxemburg. Die Straße geht weiter, sie heißt jetzt 338 und windet sich den Berg hoch und mündet, oben angekommen, in die N 7, die von hier aus zur Hauptstadt Luxemburgs im Süden führt.

Wenn Sie oben angelangt die N 7 in nördlicher Richtung weiterfahren, um vielleicht bei St. Vith die Autobahn Richtung Deutschland zu nehmen, ha-

Immer und überall: Fritten

Blaubeerkuchen im Restaurant Le signal de Botrange.

Das Signal de Botrange. Höchster Punkt Belgiens (694 Meter über N.N.) und erstklassige Adresse für Liebhaber von Reisfladen und Blaubeerkuchen.

Teil 10

TEIL 10: NACHWORT (8) (19)

„Wo fange ich an, wo höre ich auf?" Eine Frage, die sich mehrfach bei der Arbeit an diesem Buch stellte. Belgien ist ein kleines, überschaubares Land; kein Ziel ist wirklich weit genug entfernt, um es alleine aus diesem Grund hier zu übergehen, und mit ein paar geschickt geschlagenen Haken könnte man sich als Autor wahrscheinlich bis zur Küste vorarbeiten.

Bewusst ausgelassen, bis auf einige Ausnahmen, habe ich Informationen und Ratschläge zu Gastronomie und Hotellerie. Vom Sternerestaurant bis zu Imbissbuden mit teils bizarren Namen (mein Namensfavorit ist *Friterie Sacre Coeur*) findet man alle kulinarischen Spielarten in der Region. Und nur die wenigsten kenne ich persönlich. Für jede, die ich erwähnen würde, würden zugleich Dutzende nicht erwähnt. Wenn ich dennoch einige Cafés, Brasserien und Restaurants beschreibe, dann, weil sie etwas über das Gastronomische hinaus bieten, zum Beispiel ein besonderes Ambiente oder eine Geschichte und das finde ich ungerecht. Verlassen Sie sich lieber auf Ihre eigenen Eindrücke und – im Falle der Imbissbuden – auf Ihre Nase. Auch auf den im Buch erwähnten Webseiten können Sie sich über das gastronomische Angebot Ostbelgiens schlaumachen. Und das bringt Ihnen mit Sicherheit mehr, als meinen sehr subjektiven und unvollständigen Empfehlungen zu folgen.

Was ist mit den beschriebenen Orten und Gebieten? Auch hier kann ein Buch dieses Umfangs nicht vollständig sein. In der Tat gibt es alleine in den Ardennen noch zahlreiche lohnenswerte Orte und Gegenden, die es wert wären, ausführlich vorgestellt zu werden. Dazu gehören das **Tal der Ourthe** mit seinen schroffen Felsen und dem malerischen Städtchen **Durbuy**, die **Festung von Logne** im Herzen der **Domäne von Palogne**, die in einem schönen Seitental mit teils mediterraner Anmutung liegt. Im östlicher liegenden **Tal der Amel** lohnt **Remouchamps** mit seiner beeindruckenden

Von links oben nach unten: Mediterrane Landschaft nahe der Domäne von Palogne, Château de Modave, Château de Harzé. Rechts: Alter und neuer Teil der Abtei von Orval

Höhle zu jeder Jahreszeit einen Besuch; weitere, weltweit berühmte Höhlen liegen südlicher bei **Rochefort, Han-sur-Lesse** und **Hotton**.

Die Ourthe bei Durbuy an einem Winternachmittag

Nahe Remouchamps kann man das wildromantische Bachtal des **Ninlingspo** erwandern, und in **Harzé** steht das perfekt restaurierte Schloss gleichen Namens, das unter anderem ein Brotmuseum beherbergt und sich als Hotel und Tagungsstätte empfiehlt.

Über ein ähnliches Angebot verfügt das eindrucksvolle **Château de Modave**, das südwestlich von Lüttich liegt, es steht auf einem steilen Felsen über dem romantischen Flüsschen Hoyoux. Weiter westlich, auf der anderen Seite der Maas, liegt das überaus schmucke **Schloss Jehay** mit seinem ungewöhnlich gefärbten Mauerwerk. Auch Jehay ist nicht wirklich weit weg, über die Autobahn E 40 ist es leicht zu erreichen, ab der Grenze bei Aachen sind es gerade einmal 70 km bis dorthin. Eins der Angebote von Jehay, neben den Besichtigungen von Park und Schloss: Sie können dort Hochzeitsfotos machen. Falls das anstehen sollte ...

Links oben: Das Château von Durbuy. Rechts oben: Altes Fachwerkhaus in Dinant. Unten: Freyr an der Maas. Schloss und Felsen, dazwischen verläuft die Maas.

Im Süden, maasabwärts, liegen die Stadt Dinant mit ihrer berühmten Zitadelle und die Châteaus Annevoie und Freyr. Nicht weit davon das Tal der Lesse, die Trappistenabteien Orval und Chimay, die Orte Bastogne, Bouillon, La Roche-en-Ardenne mit seinem Schlossgespenst Berthe und natürlich die umgebenden Wälder und tief eingeschnittenen Flusstäler. Nicht weit von Voeren, aber auf der anderen Maasseite gelegen, findet man das bizarre Musée de Silex http://www.musee-du-silex.be, dessen Geschichte ebenso fasziniert wie die Architektur. Der Turm steht nicht von ungefähr ganz in der Nähe des berühmten Fort Eben-Emael. https://www.fort-eben-emael.be/de/

Eine besondere Sehenswürdigkeit bietet der nahe Aubel und Val Dieu gelegene Ort Blegny. Die dortige Zeche ist eines der vier authentischen Kohlebergwerke Europas, deren Untertage-Stollen über den ursprünglichen Zugangsschacht besichtigt werden können. Begeben Sie sich, ausgerüstet mit entsprechender Kleidung und Helm, mit dem Förderkorb auf 30 bis 60 Meter Tiefe und erleben Sie, wie Kohle abgebaut wurde. 2012 wurde die Zeche Blegny in die UNESCO-Liste des Welterbes aufgenommen.

» https://www.blegnymine.be/de

Ja, die Region bietet so viel. Wo fange ich an, wo höre ich auf?

Links: Kletterer in den Felsen von Freyr, darunter: Das Schloss von Laroche-en-Ardenne. Rechts: Das Wildbachtal Ninglingspo nahe Remouchamps. Unten: Château de Jehay, altes Postschild bei Orval

Links oben: Musée du Silex in Bassenge, rechts oben: Radsport bei jedem Wetter, Mitte: Herver Land, unten: belgisches Grundnahrungsmittel

Jedem belgischen Bier steht sein eigenes Glas zu. Ein besonders aufwendiges Trinkgefäß gibt es zum Genießen der Marke „La Corne du Bois des Pendus" (Das Horn des Waldes der Gehängten); es besteht aus einem gläsernen Horn (corne) und einem hölzernen Ständer, an dem ein Lederriemen das Glas sicher hält. La Corne, dessen Markenzeichen ein gehängtes Männchen mit heraushängender Zunge ist, wird im Ardennendorf Ebly in verschiedenen Variationen gebraut; zu Weihnachten gibt es eine besondere Edition mit satten 12° Alkoholgehalt. Es heißt, dass demjenigen ewiges Leben gewährt wird, der ein La Corne trinkt und dabei sagt: „Gerühmt seien das Horn, Cornelius und alle Gehängten des Waldes, zum Wohl."

» http://www.lacorneduboisdespendus.be

Jedem Bierchen sein Pläsierchen

ANHANG

INTERNETADRESSEN

Dass das Internet heute nicht mehr aus dem Angebot an Informationsquellen wegzudenken ist, dürfte inzwischen selbst Mitmenschen klar geworden sein, die das Medium noch vor nicht allzu langer Zeit als *Neuland* bezeichneten. So ist natürlich auch die in diesem Buch beschriebene Region im WWW gut bis sehr gut abgedeckt.

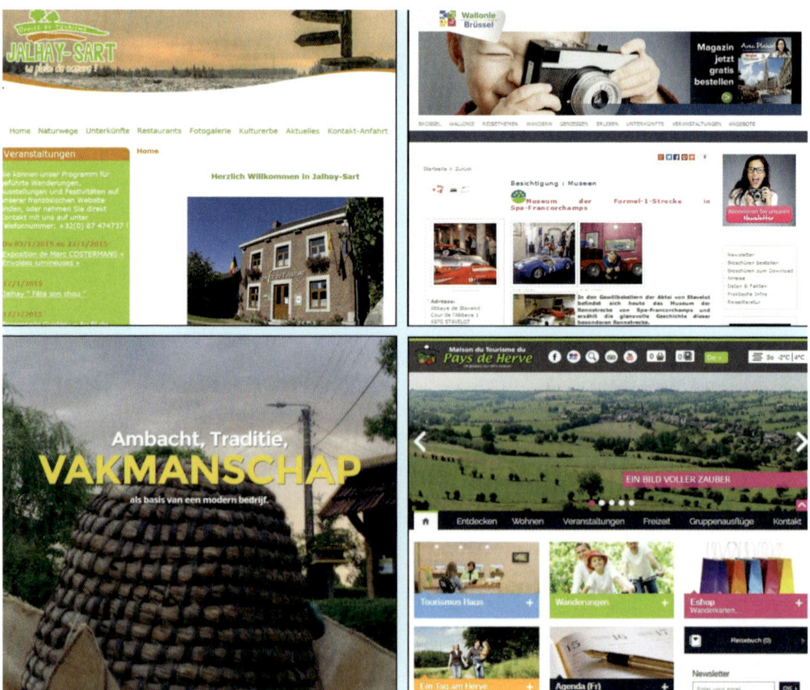

Wollte man alle Informationen aller Websiten zwischen dem Dreiländereck bei Gemmenich und dem Pendant bei Ouren/Lieler sammeln und in Buchform bringen, kämen dabei ganz sicher etliche Bände heraus, die überaus vielseitig – im wörtlichen Sinne – wären. Daher ist hier – über die im Hauptteil zu findenden Webadressen hinaus – eine Reihe von Adressen aufgelistet, die zu einzelnen Gebieten und Orten ergänzende Informationen liefern. Nicht zuletzt ein umfangreiches Angebot an Plänen, Karten und Broschüren macht diese Websiten (die meisten davon auch in deutscher Sprache abrufbar) für Ihre Ausflugs- oder Reisevorbereitungen besonders wertvoll. Auf den meisten hier im Buch aufgelisteten Seiten finden Sie weitere Links zu Orten, Museen, Sehenswürdigkeiten, gastronomischen Betrieben, Kunsthandwerkern, Herstellern regionaler Spezialitäten, Ferienangeboten und vieles mehr.

Ostbelgien.net - Umfangreiches Infoportal. Auch als App erhältlich.
» www.ostbelgien.net

Tourismusagentur Ostbelgien
» www.eastbelgium.com

Belgien-Tourismus
» www.belgien-tourismus.de/accueil/de/index.html

Pays de Herve Maison du Tourisme
» www.paysdeherve.be

Syndikat Trois Frontières
» www.drei-grenzen.be

Liste der Schlösser und Burgen im Dreiländereck
» www.trois-frontieres.be/D/chateaux_liste.php

Aubel – Tourismusbüro und Commune
» www.aubel.be

Die Voerregion
» www.voerstreek.be/?lang=de

Hombourg Tourismusbüro
» www.hombourg.be

Website von Gemmenich
» www.gemmenich.be

Kelmis und Hergenrath
» www.kelmis.be

Thimister/Clermont
» www.thimister-clermont.be/de

Die deutschsprachige Gemeinschaft in Belgien
» www.dglive.be/desktopdefault.aspx

Pays de Vesdre
» www.paysdevesdre.be/

Ferien in den Ardennen
» www.ardennes-etape.de

Haus für Tourismus Ourthe-Amblève
» www.ourthe-ambleve.be

Tourismusbüro Welkenraedt
» www.si-welkenraedt.org

Die Stadt Herve
» www.herve.be

Malmedy – Stadt und Region
» www.malmedy.be/de

Liste der Brauereien in Belgien
» de.wikipedia.org/wiki/Liste_der_Brauereien_in_Belgien

Kulturerbeportal der Deutschsprachigen Gemeinschaft
» www.dgkulturerbe.be/desktopdefault.aspx

Eastbelgium.com – Wandern im Hohen Venn Mit kostenloser Wander-App zum Download
» www.eastbelgium.com/freizeit/wandern/hohes-venn

Office du Tourisme Jalhay-Sart
» www.tourismejalhaysart.be

Maison du Tourisme Pays des Sources
(mit deutscher Version auf Französisch ...)
» www.pays-des-sources.be/de

Radfahren in Belgien (Infos über die RAVEL-Radwege).
Vorsicht! Das „Design"!
» www.velo-ravel.net

Infoseite über das Bahntrassenradeln
» www.bahntrassenradeln.de

Bütgenbach und Umgebung
» www.butgenbach.info

Naturparkzentrum Botrange
» www.botrange.be

L'a.s.b.l. Haute Ardenne (wissenschaftliche Station im Hohen Venn)
» www.hauteardenne.be

Patrimoine Nature (Schutzgemeinschaft des Naturerbes)
» www.patrimoinenature.be

Natagora/BNVS (Naturschutzgemeinschaft) in Amel
» natagora.macbay.de

Wissenschaftliche Station der Universität Lüttich im Hohen Venn
» www2.ulg.ac.be/sshf/de/homede.html

Burg Reuland – Ouren
» www.reuland-ouren.be/

Private Website über das Kriegsgeschehen in Ostbelgien im Zweiten Weltkrieg
» www.worldwartours.be/index.html

Website der Gemeinde Sankt Vith
» www.st.vith.be

Château Logne nahe Durbuy und die Domaine Palogne

» www.chateau-logne.be

» www.palogne.be

Made in Ostbelgien

» www.madeinostbelgien.be

Maison du Tourisme Spa

» spa-hautesfagnes.be

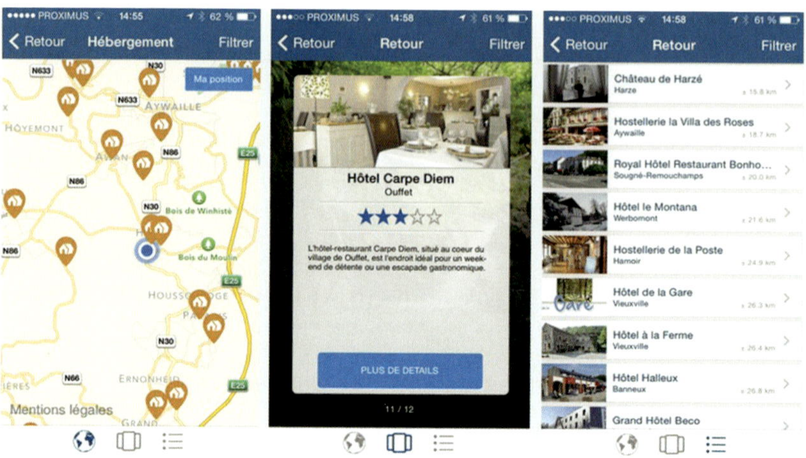

Eine Mobilphone-App gibt es kostenlos beim Tourismusbüro Ourthe-Amblève.

KARTENDIENSTE

Open Street Map Projekt (kostenfreie Karten)

» hikebikemap.org

Komoot – App zum Wandern und Biken

» www.komoot.de

OruxMaps – kostenloser Kartenviewer für Android (online und offline nutzbar)

» www.oruxmaps.com/

Die Karten dazu gibt es kostenlos bei
» www.openstreetmap.org

Maps.me – Die schicke Karten-App Maps.me richtet sich primär an Touristen und Wanderer. Unzähligen POIs in den kostenlos erhältlichen Offline-Karten (Google Play Store).

Locus Map Free – GPS Outdoor-Navigations-App, die mit vielen Features ausgestattet ist. Offline Topo-Karten und noch mehr (Google Play Store).

HINWEIS

Die in diesem Buch verwendeten Kartendaten sind unter der Open-Database-Lizenz verfügbar und gemäß CC BY-SA lizenziert. Info unter
» www.openstretmap.org/copyright

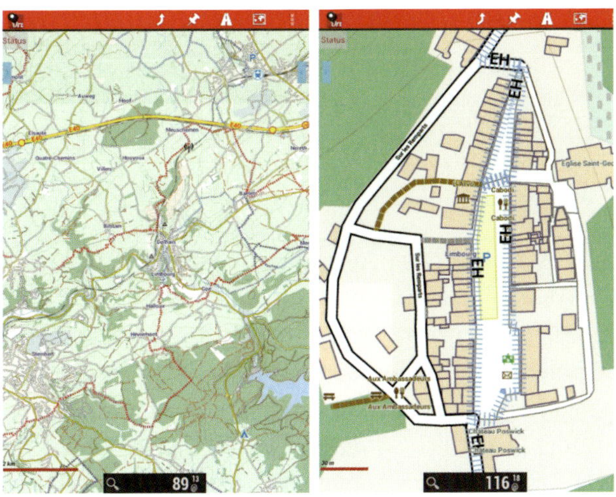

Beispiele für die Open-Street-Map-Darstellung in OruxMaps

NÜTZLICHES

Notruf Polizei 101 oder 112
Notruf Arzt/Feuerwehr 100 oder 112

Man darf die 112 oder die 101 anrufen, wenn man dringend die Feuerwehr, ein medizinisches Team oder die Polizei benötigt. Ist es nicht dringend, ruft man besser die lokale Feuerwehr, den Hausarzt oder die lokale Polizei an.

- Wo sind Sie?
- Was ist geschehen?
- Gibt es Personenschaden?
- Wer sind Sie?

» www.sos112.be/de (Notrufinfos)

Wer häufiger in Belgien unterwegs ist, sollte sich in den entsprechenden Shops die kostenlose App 112 BE besorgen. Mit ihr kann man im Notfall rasch Hilfe rufen.

VERKEHRSTIPPS

Auch wenn Sie ständig von belgischen Autofahrern rasant überholt werden: die Strafen für Verkehrsvergehen sind happig und gegenüber denen in Deutschland geradezu drakonisch. Dass die Überholenden zugleich auch noch gerne telefonieren, sollte Sie ebenfalls nicht dazu verleiten, es ihnen gleichzutun. Tempoverstöße von über 30 km/h kosten leicht einmal 2.750 € und werden zusätzlich in der Regel mit einem Fahrverbot belegt. Selbst minimale Geschwindigkeitsüberschreitungen zwischen 1 und 10 km/h kosten bereits mehr als 50 €. Telefonieren ohne Freisprechanlage schlägt ab 100 € zu Buche. Für das Geld können Sie schon zu zweit sehr lecker Essen gehen. Eine gelbe Ampel kostet 100 €, eine rote 150 €. Und wenn Sie keine Warnweste mitführen, sind bis zu 1.375 € fällig, was ich persönlich für reichlich gaga halte, aber mich fragt ja keiner. Für das

Geld dürften Sie immerhin achtmal mit 0,5 Promille durch die Gegend fahren. Was Sie mit dem Betrag besser anfangen könnten, überlasse ich ganz Ihrer Fantasie. Nehmen Sie meinen Rat ernst: Wenn die vielen Jacky Ickx-Verschnitte Sie auch anhupen, gewagt überholen oder schneiden, und das gerne auch innerorts – bleiben Sie gelassen. Im Zweifelsfall sind Sie der lachende andere. Polizisten, die mit sich verhandeln lassen, habe ich in Belgien noch nie erlebt. Und Bußgelder werden bis zu Ihnen nach Hause eingefordert, mit saftigen Aufschlägen.

Und da sind dann noch die Radfahrer. Sobald das Wetter auch nur ein wenig mitspielt, sind alle Straßen voll von Radfahrern. Und die sind in den seltensten Fällen als Einzelkämpfer unterwegs. In Belgien ist Radfahren Volks- und Vereinssport. Sollten Sie mit dem Auto unterwegs sein, mögen Sie sich so manches Mal über hundert- und mehr Meter lange Felder von Sportradlern ärgern, aber bleiben Sie ruhig. Wenn etwas passiert, und sei es, dass ein zu Schaden kommender Radler sich noch so dusselig anstellte – also zum Beispiel betrunken telefonierend eine rote Ampel überfahren hat – Sie haben im Ernstfall als Autofahrer ganz schlechte Karten, sollte sich in der Folge ein Rechtsstreit ergeben. Und eins müssen Sie auch wissen: In geschlossenen Formationen von mehr als 15 Radfahrern darf in Belgien nebeneinander geradelt werden. Anhupen ist daher zwecklos und macht Ihnen nur unnötig Feinde.

Apropos Feinde: Sollten Sie zwecks Abwehr von Hunden, Wölfen oder Bären ein Reizgasspray mitführen (zum Beispiel im Handschuhkasten), handeln Sie sich damit unter Umständen mächtigen Ärger ein. In Belgien gelten diese Sprays nämlich als verbotene Waffen. Und die dürfen, ebenso wie Wasserwerfer, nur von der Polizei verwendet werden. Nicht verboten sind hingegen Pfeffermühlen oder loser gemahlener Pfeffer in der Hosentasche. Wölfe und Bären werden Ihnen selbst in den Ardennenwäldern wohl kaum begegnen. Und wenn einmal ein wild gewordener Hund auf Sie zustürmt, dann ... nun ja. Vielleicht können Sie noch beten oder die 112 anrufen.

Wo wir gerade bei abstrusen Verboten sind: Wer in Belgien mit einer Dashcam unterwegs ist, seine Fahrt also filmen möchte, sollte wissen, dass laut ADAC die Benutzung dieser Kameras im Auto verboten ist. Wegen Daten

Streng verboten: Aufnahmen aus dem Auto mit einer Dashcam

schutz und so; wahrscheinlich können diese Kameras auch Schwangere und Kinder gefährden und sind nicht biologisch abbaubar. Irgendwas ist ja immer. Ils sont fous, ces belges.

EINKAUFS- UND RESTAURANTTIPPS

Ich habe mir eigene Tipps gespart (siehe Nachwort). Gerne nenne ich hier aber andere Quellen, die sich ganz und gar auf das Thema Essen und Trinken konzentrieren.

Den *Gastro Guide Euregio* sowie den *Shopping Guide Euregio* und den *Freizeit Guide Euregio* gibt es als gedruckte Magazine, und auch online finden Sie eine Vielzahl von Adressen und Tipps, die, der Name sagt es, auch die

Niederlande und Deutschland rings um das Dreiländereck auf dem Vaalser Berg beschreiben.

Les guides IDEES „Coups de Coeur" erscheinen in Clermont-Thimister und liegen kostenlos in vielen Geschäften und Restaurants der Region bereit (eine Liste der Distributeure findet man auf der Website). Regelmäßig gibt es Hefte mit Schwerpunkt Gastronomie. Bereits erschienene Ausgaben können auf der Website gelesen werden. Viel Werbung, aber auch Nützliches.

FILMTIPP

Man muss keinen kriegerischen Charakter haben, um sich für die Geschehnisse im Zweiten Weltkrieg während der Ardennenschlacht zu interessieren. Was sich zwischen dem Dezember 1944 und dem 21. Januar 1945 abgespielt hat, sollte, so sehe ich es, jedem vertraut sein, der die Ardennen und Ostbelgien nur als friedliche, weitgehend ländliche Region kennt.

Die preisgekrönte US-Dokumentation *Battle of the Bulge* aus dem Jahre 1994 über die Ardennenschlacht zeigt das ganze Ausmaß des Wahnsinns, der hier in den letzten Monaten des Kriegs regierte. Der Film mit authentischem Bildmaterial und Gesprächen mit Zeitzeugen ist, in deutscher Sprache, bei Youtube zu sehen, unter dem Link
» youtu.be/yxp_9GLv9VU

ZU GUTER LETZT

Wenn Sie irgendwo auf Ihrem Ausflug oder Ihrer Reise nach Belgien in ein Restaurant eingekehrt sind und es Ihnen gemundet hat, wollen Sie vielleicht selbst einmal etwas aus unserer regionalen Küche nachkochen. Eine Reihe von Rezepten aus der Wallonie finden Sie unter dieser Webadresse:

» http://belgien-tourismus-wallonie.de/de/3/was-ich-mag/die-wallonie-fur-genieser/die-rezepte-der-wallonie

Und ganz zuletzt dies: Eine Freundin schwärmte mir einmal am Telefon vor, sie freue sich schon auf ihren nächsten Besuch, denn die belgischen Fritten seien nun einmal unvergleichlich. Da musste ich ihr natürlich recht geben, und ich nannte ihr dafür auch den Grund: In Belgien werden die Kartoffelstäbchen in ordentlichen Buden, den *Frietkots*, in Rinderfett, dem Blanc de Bœuf, ausgebacken. Was die Gute leider in völlige Verzweiflung stürzte, ist sie doch Vegetarierin. Sollten Sie also keine tierischen Produkte zu sich nehmen – denken Sie daran: Die belgischen Fritten schmecken nicht von ungefähr so animalisch lecker!

BILDNACHWEIS

Covergestaltung:	Eva Feldmann, Aachen
Lektorat:	Dr. Irmgard Jaeger, Alexa Deutz
Satz:	www.satzstudio-hilger.de
Bearbeitung 2. aktual. Auflage:	Katerina Georgieva
Umschlaggestaltung und Innenlayout:	Eva Feldmann, Aachen
Bearbeitung 2. aktual. Auflage:	Katerina Georgieva
Fotos Umschlag:	Archi W. Bechlenberg, Thinkstock, Kollektion: iStock
Fotos Innenteil:	Archi W. Bechlenberg, Thinkstock, Kollektion: iStock

ISBN 978-3-8403-7634-4
€ 20,00/€ [A] 20,60

ISBN 978-3-8403-7598-9
€ 18,00/€ [A] 18,50

ISBN 978-3-8403-7516-3
€ 19,95/€ [A] 20,60

ISBN 978-3-89899-936-6
€ 19,95/€ [A] 20,60

* Preisänderungen vorbehalten und Preisangaben ohne Gewähr!

MEYER & MEYER VERLAG

MEYER & MEYER
Fachverlag GmbH
Von-Coels-Str. 390
52080 Aachen

Telefon 02 41 - 9 58 10 - 25
Fax 02 41 - 9 58 10 - 10
E-Mail vertrieb@m-m-sports.com
Website www.aachen-buecher.de

Unsere Bücher erhalten Sie online oder bei Ihrem Buchhändler.